PARIS EN SONGE

PARIS. — IMP. SIMON RAÇON ET COMP., RUE D'ERFURTH, 1.

PARIS EN SONGE

ESSAI

SUR

LES LOGEMENTS A BON MARCHÉ
LE BIEN-ÊTRE DES MASSES — LA PROTECTION DUE AUX FEMMES
LES SPLENDEURS DE PARIS
ET DIVERS PROGRÈS MORAUX
TELS QUE
CHAMBRES DE TRANSACTIONS — JUSTICE A TROIS DEGRÉS
TRIBUNAUX D'INDULGENCE ET DE PARDON — HONORARIAT DU COMMERCE
PARLEMENT DE LA PAIX

PAR

JACQUES FABIEN

PARIS
E. DENTU, ÉDITEUR
PALAIS-ROYAL, 17 ET 19, GALERIE D'ORLÉANS
—
1863

PARIS EN SONGE

———

I

VOYAGE FANTASTIQUE

Chemin de fer. — Sécurité. — Bien-être.

Il y a dix ans que j'ai quitté Paris et la France.
Débarqué à Marseille le 30 décembre, je ne fais
qu'un bond du navire éteint au wagon qui s'al-

lume pour m'emporter à Lyon. C'est là que j'ai
donné rendez-vous à un ami, Parisien comme
moi, accouru à ma rencontre.

A l'embarcadère de Lyon, la première figure
que j'aperçois, figure verte de froid, collée entre
deux barreaux, est celle de mon homme, de
planton à m'attendre. Nous embrasser deux et
trois fois, nous serrer les mains, est l'affaire d'un
moment. Au contact de ma joue, cette bonne
joue verte s'empourpre de plaisir.

Nous dînons ensemble, comme dînent deux
bons amis heureux de se revoir; puis, impatients
de retourner au logis, nous repartons, le soir
même, par le convoi express qui entrera dans
Paris à cinq heures du matin. Une nuit en
wagon, qu'est-ce que cela? Tant de choses à
nous dire! Le temps nous fera défaut.

La vapeur siffle. On part.

Nous voici installés dans notre compartiment
de première classe, rompus de fatigue, mais
contre, face à face, capitonnés jusqu'aux

oreilles, jambes entrelacées, une bouilloire aux
pieds, un coin pour chaque tête.

— Tu vas être bien surpris en revoyant ton
Paris.

— Pourquoi?

— Parce que je te défie de le reconnaître,
mon cher; il faut une boussole pour s'y orien-
ter, ni plus ni moins.

— Allons, si Paris n'est plus le même, tu n'es
pas changé, toi, du moins. Toujours l'œil derrière
une loupe!

— Je dîne chez un ami, très-bien. Huit jours
après, je me mets poliment en route pour lui
rendre visite. Mais, bah! l'ami, la maison, la
rue, tout est évanoui. Et bien d'autres histoires
encore. Que te dirai-je? c'est un splendide chan-
gement à vue de Ciceri.

— Trêve d'exagérations. Paris est ma pa-
trie: un fils n'a pas de peine à reconnaître sa
mère.

— Tu verras, tu verras. En attendant, je me

charge, à notre arrivée, de te servir de cicerone, monsieur l'étranger.

— Eh bien, soit. . . . .

. . . .

Tout à coup une transfiguration s'opère autour de nous.

Notre compartiment s'est élargi. Comment? je n'en sais rien. D'obscur, il est devenu rayonnant. Au lieu de deux compagnons endormis, une société éveillée, choisie, bien mise. On se croirait dans quelque coquet boudoir de quelque faubourg Saint-Honoré roulant. Là-bas, un notaire, si j'en crois sa cravate blanche, lit un journal, comme il le lirait dans son cabinet, en face de sa lampe Carcel. A côté, un jeune couple, devant le couple, un guéridon volant, et sur le guéridon deux carafes fumantes, dites bavaroises. Comment diable ont-ils fait pour trouver dans leur sac de nuit une friandise si brûlante, si peu voyageuse de sa nature? Mais voici bien autre chose! Depuis cinq minutes, les yeux de ma voisine, un peu trop épanouie, semblaient soupirer. Pour qui? pour moi, sans doute. Fat que j'étais! Les yeux s'éteignent, ma voisine évanouie repose doucement sur mes bras.

— Pressez le ressort, monsieur, me crie-t-on de toutes parts.

— Quel ressort?

— Là, près de vous, dans l'angle du compartiment.

J'y mets la main docilement. O surprise! un surveillant en uniforme paraît, disparaît, reparaît, un verre d'eau à la main.

On s'empresse autour de la dame. La syncope résiste. Je gagerais qu'elle trouve mes deux bras plus moelleux que ceux de son fauteuil. Survient un monsieur, aussi bien mis que le tabellion, un médecin sans doute. Il la fait emporter hors du compartiment. Tout le monde la suit.

Cependant le train file, file, sans souci de ce qui se passe en dedans. Pas un holà, pas une hésitation. L'air siffle, comme devant.

1.

Je suis tout le monde. On dépose ma voisine
dans le cabinet du docteur. Là, elle se décide à
ouvrir les yeux. Sur ce, je m'esquive, rassuré, curieux aussi de savoir comment peut s'opérer, en
pleine vapeur, ce va-et-vient de voyageurs, paisible, sans casse-cou. Voici ce que je remarque :

Notre train est flanqué, dans toute sa lon-
gueur, de deux galeries latérales, découvertes,
éclairées comme à l'intérieur. Elles aboutissent
aux deux bouts. A l'avant, un buffet de consom-
mation, le cabinet du médecin, celui du conducteur ; à l'arrière, des siéges très-utiles en maintes
occasions, particulièrement en chemin de fer :
les dames s'y rendent d'un côté, les messieurs de
l'autre. Sur chaque galerie, une façon de valet-
surveillant se tient en sentinelle, prêt à répondre
aux appels des sonnettes.

Durant que j'admirais, notre évanouie rentrait
dans le compartiment, avec nos compagnons de
voyage. En passant devant moi, elle m'adressa
un regard peu reconnaissant. Pourquoi? ma

conscience était pure, aussi pure que l'air mati-
nal qui me glaçait le visage, que le ciel, en
demi-deuil, qui perdait ses étoiles une à une. Je
crus bon de ne pas la suivre. Donc, je me pro-
menais, le cigare allumé, sur la fraîche galerie,
quand le conducteur vint me réclamer mon billet. Le convoi entrait en gare; nous étions à
Paris!

II

ARRIVÉE A PARIS

Gare de Lyon. — Nouveau boulevard de Lyon

A Paris, non, je me trompe, nous n'étions qu'aux portes de Paris, en vue des remparts, à l'endroit où s'élevait autrefois le château de Bercy.

La gare, chassée du boulevard Mazas, a rétrogradé jusque-là. Elle est spacieuse et commode.

Comme nous causions, assis à notre aise, dans
une salle bien chauffée, bien éclairée, un em-
ployé en uniforme nous abordait, chapeau bas;
il nous demandait nos bulletins de bagage, nos
instructions, nos clefs, se faisait délivrer les
malles, les soumettait à l'œil de l'octroi, payait
les droits, faisait tout charger sur une voiture
de place, puis recevait de nous son salaire
et celui de ses gens, suivant un tarif pla-
cardé. Nous apprîmes de lui, qu'il est défendu
aux hommes de peine de se mettre personnelle-
ment en contact avec les voyageurs, qu'il leur
est interdit, ainsi qu'à lui-même, de rien ac-
cepter pour bonne-main, sous peine d'expul-
sion.

Notre nocturne entrée dans Paris se fit par le
nouveau boulevard de Lyon, voie large, ayant
grand air, aussi pleine de lumière qu'en plein
midi, bordée, de droite et de gauche, de constructions au style uniforme. Ce boulevard, je n'en
soupçonnais même pas l'existence. Il n'est autre

chose que l'ancien parcours du chemin de fer, soudé à l'ancienne rue de Lyon.

Les horloges publiques sonnaient six heures. Plus une étoile au ciel. Le jour paresseux et frileux n'était pas encore levé. Mais n'oublions pas que nous étions au 31 décembre.

III

PROGRÈS POPULAIRES

Boutiques du nouvel an. — Fontaines publiques. — Omnibus des ouvriers. — Chants du foyer. — Almanach parisien. — Bulletin parisien. — Ordonnance sur les cabaretiers. — Église.

— Cocher, s'écrie mon ami, halte-là, au centre de la place de la Bastille.

Puis, se tournant vers moi :

— Je t'ai promis d'être ton cicerone, de te montrer les plus jolis verres de la lanterne ma-

2

gique parisienne. Descendons, c'est ici notre
point de départ.

— Quel spectacle !

— Oh! ne t'enflamme pas sitôt, à ton tour. Il
n'est pas temps encore. Nous y reviendrons. Pour
le moment, occupons-nous de ce qui intéresse
les classes laborieuses, et de cela seulement.

Tu vois ces deux files de boutiques en plein
vent, qui s'étendent, à perte de vue, le long du
boulevard Beaumarchais. Elles ont pour hôtes,
du 25 décembre au 15 janvier, des ouvriers et
des ouvrières, élevés au rang de commerçants,
pour la saison des étrennes.

Approchons. Tu remarques qu'elles sont toutes les mêmes, d'une élégance pittoresque, bien
couvertes, bien closes, munies d'un petit ap-
pareil de chauffage, éclairées par le gaz. Déjà
les petits marchands sont à leur poste. L'aube
n'est pas levée, et les étalages se parent. Regarde, quelles jolies étrennes, fraîches, aga-
çantes pour le passant !

— On croirait voir des rangées de maison-
nettes suisses en bois de sapin. C'est comme
un jouet d'enfant, colorié, sortant de sa boîte.
J'ai peine à m'expliquer cet ensemble coquet.

— Rien de plus simple.

La ville de Paris a mis en adjudication la fa-
brication en bloc, sur dessins fournis, de ces
villages d'opéra-comique, et le droit de les louer
pendant un certain nombre d'années. Elle se
charge de les remiser dans ses magasins, et four-
nit le gaz.

L'entrepreneur livre chaque boutique, tout
installée, clefs en mains, à raison d'un franc
par jour. C'est donc, pour la durée de ce
petit négoce, vingt francs, payables par semaine.
Exclusion de tout commerçant patenté. Préférence aux vieillards, aux femmes, aux ménages
chargés d'enfants. Pour les marchandises,
ceux qui, trop nécessiteux, ne pourraient se les
procurer, s'adressent à une société bienfaisante

établie dans chaque quartier. Elle les achète en
gros, et les remet à ces malheureux, avec des
facilités de payement. C'est, dit le peuple, *notre
moisson d'hiver.*

— La ville alloue sans doute une subvention
annuelle à son entrepreneur.

— Je ne crois pas. Mais, soit. Admettons, si
tu veux, une subvention, il y aurait encore économie. Tu vas en juger toi-même : à la fin de
janvier, l'hôpital était le rendez-vous de ces
braves gens, exposés, pendant le jour, à la bise,
à la pluie, à la neige; forcés, pendant la nuit,
de coucher, en sentinelles, sur leur misérable
trésor. Et l'hôpital coûte cher! Aujourd'hui il
n'en est plus de même. Témoin ces visages qui
respirent la santé et la satisfaction.

Sur ce, montrant les talons à la place de la
Bastille, nous prenons la route de la *Colonie ouvrière,* établie au-dessus de la place du Trône.

Chemin faisant, le long du faubourg Saint-

Antoine, je remarquai, à chaque coin de rue, une fontaine. Il y avait tout autour encombrement de Rachels matinales, puisant l'eau de la journée.

Sur un carrefour, dix omnibus, à l'attelage hennissant et vigoureux, se croisaient, s'évitaient, se poursuivaient à l'envi. Dessus, des blouses, des bourgerons; dedans, des robes de grosse laine, et rien de plus.

Moi de m'ébahir, et mon compagnon de m'apprendre que pendant deux heures le matin, et deux heures le soir, lorsque les ouvriers et les ouvrières vont au travail et en reviennent, tous les omnibus de Paris reçoivent les voyageurs, au prix réduit de cinq centimes par place; qu'il n'y a pas de distinction entre l'intérieur et l'impériale; pas d'ostracisme contre les paquets et les outils; mêmes trajets, même service, même droit à la correspondance, comme dans la journée; que c'est un grand soulagement pour les artisans, leur domicile étant toujours éloigné du

2.

centre de la ville; que c'en est un aussi pour
les vieillards et les enfants; qu'ils en profitent
pour les approvisionnements de la famille, pour
prendre et reporter l'ouvrage dans les magasins.

A deux pas de là, des éclats de voix attirent
notre attention. Nous avançons. Des ouvrières,
entremêlées de quelques rares ouvriers, font
cercle autour d'un jeune homme, d'une jeune
femme et d'un orgue. Tous trois s'entendent à
merveille, mariant leurs voix, ou les alternant,
suivant que le veut la mise en scène du petit
poëme qu'ils chantent. La foule joyeuse suit de
mémoire les couplets, et les accompagne avec
entrain. Nous restons cois, l'oreille et l'âme en
arrêt. Hélas! pourquoi n'avaient-ils que six chansons! Voici les titres :

Le Baptême chez l'ouvrier.
Le Départ pour les drapeaux.

L'Honneur de l'atelier. — Chant de victoire.

Le Mariage d'une sœur.

L'Enfant convalescent. — Joie d'une mère.

Le Convoi d'un bon patron.

Chose surprenante! les paroles sont touchantes ou gaies, toujours simples et poétiques. La musique est vive ou plaintive, avec un cachet approprié à l'idée. Tout cela sent le poëte et le musicien de génie.

Le concert fini, le chanteur fit le tour du cercle, offrant, au prix de quinze centimes, un volume assez gros, bien cartonné, bien imprimé, portant pour titre : *Almanach populaire parisien.* Il renfermait les six chansons, avec la musique, et bien d'autres choses encore. On me le présenta aussi. Je l'acceptai, mais en tremblant, avec une espèce de pudeur. Le prix me semblait dérisoire, comparé au mérite du livre.

— Tu jettes ton bonnet par-dessus les moulins, n'est-ce pas?

— Oui.

— Eh bien, voici le mot de l'énigme :

La ville de Paris publie elle-même *l'Almanach populaire parisien*. La rédaction en est confiée à des écrivains d'un talent éprouvé et sympathique. Il paraît le 1er janvier de chaque année. Celui-ci est l'almanach de l'année expirant aujourd'hui. C'est pour cela que tu l'as seul acheté, et que tous les chants sont si bien gravés dans la mémoire de la foule. Outre ce que nous venons d'entendre, et l'almanach proprement dit, il résume, avec méthode et clarté, tous les documents utiles à l'ouvrier de Paris, pour son travail professionnel, son instruction et celle de sa famille, les différends entre artisans et patrons, en un mot, pour tous les cas qui se rencontrent le plus fréquemment dans la vie de l'atelier. Il renferme encore un relevé bien présenté des établissements charitables, publics et privés, où la famille peut recevoir des secours et des conseils, dans des moments d'épreuve : enfin quelques anecdotes, quelques récits bien écrits des plus beaux traits de dévouement, de courage, de probité, accomplis l'année précédente, dans la classe ouvrière, et qui sont les parchemins de noblesse du peuple de Paris.

— Très-bien. Mais cela ne m'apprend pas la source de ces délicieuses chansons, de ces airs si purs de style.

— Je ne puis tout dire à la fois.

Chaque année, le préfet de la Seine propose les sujets d'une demi-douzaine de chansons populaires, gaies, religieuses, héroïques, douloureuses, consolantes, mais toujours morales, moins par les paroles que par l'idée et le coloris, toujours pleines d'à-propos, toujours faites pour intéresser le peuple de Paris. La poésie en est mise au concours, puis la musique ; et les vainqueurs de la lutte reçoivent, pour les six chansons, musique et poésie, douze belles médailles d'or, frappées tout exprès, portant leurs noms.

Tu ne saurais croire avec quelle émulation

sont disputées ces récompenses, si modestes
qu'elles soient.

— En vérité, l'idée est admirable, et, ce qui
ne gâte rien, peu dispendieuse.

— Mais, dis-moi, que débite donc là-bas cette
femme, dans sa loge vitrée? On jurerait qu'elle
donne gratis sa marchandise, tant il y a concours
et empressement autour d'elle.

— C'est le *Bulletin hebdomadaire parisien*.
Il coûte cinq centimes. L'exemplaire de la semaine vient de paraître, et, tu vois, toutes les
mains s'allongent à l'envi. C'est encore la même
idée qui suit son chemin. Ce recueil renferme des
récits de plus longue haleine, variés, instructifs,
attrayants; avant toute chose, très-moraux pour
le peuple. Très-moraux, c'est là le nœud de la
difficulté. Tu les liras à ton aise, tu verras que le
bien et le bon conseil mettent autant de soins à
se déguiser que le feraient le vice et la sédition.
Le lecteur, sans défiance, abusé par la séduction

du style et de la forme, par l'émotion de ce qu'il appelle le roman, s'améliore sans qu'il le veuille, et même, c'est l'apogée du succès, sans qu'il s'en doute. La ville public elle-même ce bulletin. Les articles, parfaitement rétribués, sont l'œuvre des meilleurs littérateurs de la France.

Quelle explosion de joie! quel brouhaha!

A la porte d'un cabaret, un attroupement de femmes bat des mains, trépigne, fait mille et mille amitiés à une grande affiche blanche, encore humide, envahissant les dehors de la boutique. Sur un signe de l'une d'elles, le tumulte s'est apaisé, le silence s'est fait. L'orateur en marmotte lit en riant ce qui suit :

« *Les cabaretiers n'ont pas d'action pour exiger des buveurs le prix des boissons consommées. S'ils engagent quelque discussion avec eux, qu'ils soient arrêtés, comme perturbateurs de l'ordre public.* »

— C'est tout neuf.

— Non, c'est une vieille recette contre l'ivro-
gnerie,. retrouvée dans un coin de l'imprimerie
impériale. Elle date de Henri IV. L'afficheur
avait oublié de la placarder, depuis deux cent
soixante ans.

Une église se présente. Entrer; la parcourir
rapidement du regard, en sortir, tout cela est
plus vite fait qu'écrit. Nous avons remarqué
bien des mains jointes, bien des fronts pieuse-
ment penchés.

— Voilà, dis-je, où aboutissent ces ingénieux
leviers de moralisation. Le peuple commence sa
journée par une prière.

— Oui, et, tu le vois, la sollicitude de l'administration le suit jusque dans l'église. Celle-ci,
bien que paroisse d'un quartier nécessiteux, est
parquetée et chauffée. Plus de barrière qui
marque l'enceinte réservée à l'opulent, plus de
chaise au velours rouge, bleu ou vert, dénon-

çant un privilége là où la faveur n'a nulle raison d'être, blessant la dignité du peuple, amoindrissant l'église d'une place presque toujours vacante. Égalité dans la république des chaises de paille. La plus noble est celle que la prière a le plus usée.

En devisant, en observant ainsi, nous avions gravi jusqu'à la place du Trône. Sur deux colonnes de marbre nous lisons cette inscription : *Colonie ouvrière de Saint-Antoine.*

IV

SUITE DES PROGRÈS POPULAIRES

COLONIE OUVRIÈRE DE SAINT-ANTOINE

Logements et aliments à bon marché. — Square des hommes et groupes d'hommes utiles. — Jeux. — Théâtre. — Marché et approvisionnements. — Bureau médical et dépôt de pharmacie. — Mont-de-piété. — Bibliothèque — Soins à domicile.

Entre la place du Trône et la citadelle de Vincennes, à droite et à gauche de la route, s'épanouit un joli hameau, né d'hier, bien aéré, bien aménagé, affairé et haletant comme l'inté-

rieur d'une ruche d'abeilles : c'est la *Colonie ouvrière de Saint-Antoine*. Toutes les maisons ont
des façades, j'allais dire des figures, avenantes,
variées, avec une certaine ressemblance, comme
un air de famille. Au rez-de-chaussée, des boutiques sans éclat ; à chaque étage, des logements
d'ouvriers, composés d'une entrée, de deux
chambres à feu, d'une petite cuisine avec four-
neau. Dans la cour commune, beaucoup d'air et
d'eau potable.

La colonie est partagée en deux plateaux : la
route de Vincennes au milieu. Au centre du
premier, nous trouvons un square carré, avec
ombrage et pièce d'eau ; il est orné, à ses angles
intérieurs, de quatre groupes, représentant
quatre Français chers à la multitude, souvenirs
de misères soulagées : -

Parmentier, la figure rayonnante, montrant à
des paysans une pomme de terre qu'il vient d'ar-
racher. D'autres tubercules sont à ses pieds. Les

paysans, inclinés, ébahis, admirent alternativement et le sol et l'heureux agronome.

Jacquard, faisant essayer par une ouvrière de
Lyon son nouveau métier, sur lequel est accoudé
un petit apprenti, au minois mutin.

Saint Vincent de Paul, se courbant pour ra-
masser à terre un pauvre petit être, abandonné
au pied d'une borne, tout nu, lui tendant ses
petits bras; une vieille servante tient, pour le
recevoir, un tablier ouvert.

Et l'abbé de l'Épée conversant, par le langage
des doigts, avec un ouvrier sourd-muet. Un enfant suit du regard tous leurs gestes, curieux
de s'instruire.

— Ce square, dit mon compagnon, est plus
particulièrement fréquenté par les hommes. Les
jeunes gens qui sont là, réunis dans l'intérieur,

3

viennent s'y exercer à des jeux propres à déve-
lopper la vigueur et l'adresse, tels que gymnas-
tique, tir à la carabine et à l'arc, jeu de paume.
La rétribution perçue est insignifiante. C'est le
rudiment volontaire de l'école du soldat.

Aux quatre faces extérieures répondent,
comme tu le vois, quatre grands bâtiments.

D'abord, un théâtre d'un style simple. Les
places y sont cotées à bon marché. On n'y re-
présente que des pièces morales et patriotiques.
Il ouvre aussi ses portes, à l'occasion, pour les
concerts et toutes les cérémonies populaires.

Ensuite un marché couvert. On y débite des
denrées de première nécessité, sans débats, à
prix réduits. Au dedans, de vastes magasins
d'approvisionnements.

Le troisième bâtiment renferme le bureau
médical, le dépôt de pharmacie, un groupe de
sœurs de Charité, uniquement vouées aux nécessiteux. C'est de là que sortent les secours qui
vont trouver, dans leurs foyers, les malades, les

blessés, les femmes en couche, les mères nourrices.

Dans le quatrième édifice, on a réuni plusieurs
établissements utiles : un mont-de-piété, mais
vraiment digne de ce nom. L'intérêt des avances,
quelque déguisement qu'il prenne, ne s'élève
pas au-dessus de trois pour cent ; une bibliothèque
bien chauffée, bien garnie, où l'on reçoit les
lecteurs le jour et le soir, où l'on autorise des
emprunts de livres professionnels et attrayants.
Dans toutes les salles, des cours, des expériences,
des instruments.

— Avant d'aller plus loin, dis-moi donc par
quel truc on a fait sortir de terre cette ruche
laborieuse?

— Le truc, c'est tout bonnement la loi d'expropriation pour utilité publique, mais élargie.
Je t'en reparlerai bientôt. Cette loi à la main, on
a exproprié en bloc, en une semaine, ni plus
ni moins, les vastes terrains nécessaires à cette

création. Puis on a dessiné, à la pointe du jalon, ce que tu appelles la ruche laborieuse, comme on ferait pour un jardin anglais. La ville de Paris a pris pour son lot le sol des rues, des places, des jardins, des établissements publics. Tout le reste, elle l'a bravement livré aux hasards de l'enchère, à bas prix, par menus fractionnements, avec l'unique condition d'élever des maisons, dans l'année, sur des plans prescrits, invariables pour les façades comme pour les dispositions de l'intérieur.

Cette revente a couvert les prix d'achat, rien de plus. Mais c'était prévu. On ne spécule pas, quand on fait le bien.

— J'imagine qu'on est convenu d'un maximum de loyer pour chaque logement.

— Pas le moins du monde. L'aménagement particulier des logis, la physionomie de ce milieu populaire, sa destination, n'admettent guère pour habitants que des ouvriers, de façon que l'affluence des écriteaux blancs a établi d'elle-même une mercuriale des plus modérées.

C'était déjà un beau succès sans doute, mais succès oblige; il fallait alimenter la colonie à bon compte. Or écoute comment la ville de Paris s'y est prise : elle a construit dans le marché des sortes d'abîmes suspendus, à usage de greniers. Elle y a engrangé des montagnes d'approvisionnements, recueillis partout, en temps propice, argent sur table. Ce sont des farines, des pomme s de terre, des légumes frais et secs, des beurres, œufs, fromages, sels, conserves. Les farines sont livrées aux boulangers de la colonie, et le surplus aux revendeurs du marché, à prix de revient, quelquefois même au-dessous, mais avec injonction de se conformer, pour le débit, à un tarif affiché.

J'oubliais de te dire qu'un décret récent a fait baisser le cours de ces précieuses denrées, en défendant de les laisser dévorer, à l'avenir, par les usines.

Chaque année l'industrie broyait, pour ses
besoins, des mille et mille charretées de fro-
ments, de pommes de terre, de fèves, de haricots, .
de pois et de lentilles; elle répandait des mille
et mille corbeilles d'œufs frais. Qu'est-ce que
cela, sinon le pain du peuple? On a compris que
le premier pas à faire pour entrer dans la vie à
bon marché, c'est de ne pas détruire par soi-
même les récoltes de Dieu. Ce qui fait vivre
l'homme est chose sainte.

Au début, quelques grandes dames, étrangères à la colonie, n'avaient pas honte d'envoyer
leurs gens s'approvisionner dans le marché.
Mais on y a mis bon ordre. Défense de vendre à
la même personne, le même jour, au delà d'une
faible valeur déterminée. On a tenu ferme, et le
scandale a disparu.

Tout le reste s'explique de la même manière :
les jeux du square, établis par la ville de Paris,
ont été livrés à un fermier, avec ordre de n'exiger
autre chose que l'apparence d'une rétribution.

Le dépôt de pharmacie est approvisionné sur un large pied : on distribue les médicaments à vil prix à qui peut les payer, on les donne aux autres. De même pour les médecins : ils reçoivent de l'administration un traitement complémentaire.

A propos de médecins, une grande innovation commence à prendre racine. Je veux parler de l'abandon du système des hôpitaux. Les indigents entraient là, sans confiance, sans attente de guérison, avec une répugnance bien accentuée : « Pauvres diables que nous sommes, disaient-ils, les portes nous font la grimace quand nous entrons, nous sourient quand nous prenons congé. Vivants, nous instruisons les docteurs à sauver leurs opulents clients; morts, nous devenons leurs professeurs d'anatomie. » Préjugé atroce, criminel, souillé d'ingratitude: mais préjugé réel, vivace.

Que faire?

L'administration a pris une vaillante initiative.
Aujourd'hui, à part les gens atteints d'affections
chroniques ou incurables, on soigne les malades,
sous leur toit, sur leur grabat familier, sous les
yeux, avec l'aide des leurs. A ce compte, l'assistance publique recueille deux bénéfices : économie palpable sur son riche budget, récolte de
guérisons et de bénédictions.

V

SUITE DES PROGRÈS POPULAIRES

COLONIE OUVRIÈRE DE SAINT-ANTOINE

Square des femmes et groupes de femmes héroïques. — Église. — Écoles et asiles. — Lavoir public et bains. — Syndicat des femmes. — Professions qui leur son réservées. — Prix sémestriels. — Encouragements au mariage des ouvrières.

D'un plateau nous passons à l'autre. Là aussi nous trouvons un square semblable au premier, mais adopté de préférence par les femmes.

Quatre groupes le décorent : ils représentent,

4

avec des poses un peu théâtrales et une mise **en** scène propre à frapper à la fois les yeux et l'esprit, des héroïnes françaises :

C'est sainte Geneviève, patronne de Paris, **sur** les rives de la Seine, distribuant aux Parisiens, bloqués et affamés, un convoi de vivres qu'elle a ramené elle-même, au péril de sa vie, de Corbeil et de Melun.

C'est Jeanne d'Arc, la petite *pastoure*, assise sur un tertre, dans un champ, entourée de son troupeau. Planant au-dessus d'un arbre, un ange lui présente d'une main un glaive, et lui montre de l'autre le chemin de Paris. Il semble lui dire ces paroles historiques : « Je suis l'archange Michel, je viens te commander, de la part du Seigneur, que tu ailles *en France*, que tu ailles **au** secours du Dauphin, afin que, par toi, il recouvre son royaume, et que tu le mènes sacrer à Reims » Elle, à la fois tremblante et trans-

portée, tend ses bras vers l'apparition céleste.

C'est Louise Bergame, la fille du valet de
chambre poursuivi, aux jours de la Terreur,
pour avoir favorisé la fuite de son maître.

La scène se passe la nuit. Louise, au premier
bruit, s'est revêtue à la hâte de la livrée de
son père. Elle a ouvert la porte et se présente
à l'exempt trompé, qui l'arrête. A ses pieds,
sa robe, son bonnet; derrière elle, Bergame
endormi sur une chaise et qu'elle cache avec
soin. Une lampe sur une table.

Ce sont enfin deux jeunes femmes portant sur
leur dos deux guerriers armés. L'une d'elles tient
en outre un petit enfant dans ses bras. Un soldat
espagnol, saisi d'admiration, leur présente les
armes avec respect.

Ce groupe me remit immédiatement en mémoire une histoire touchante que j'avais lue
dans un vieux chroniqueur : Du temps de Charles-

Quint, je ne sais quelle ville des Flandres françaises étant assiégée et prise, l'ennemi furieux
ne voulut accorder d'autre capitulation, si ce
n'est que les *gentils femmes* pouvaient sortir,
leur honneur *sauve*, à pied, *avec les choses précieuses qu'elles pourroient emporter*. Elles char-
gèrent sur leurs épaules leurs maris, leurs enfants, générosité qui apaisa le vainqueur.

Le vieil auteur ajoute que, dans toutes les
Flandres, cet acte d'héroïsme est rappelé, chaque année, par le son général des cloches ; que
cet anniversaire est appelé *la veille des dames ;*
que ce jour-là tous les maris doivent faire la
volonté de leurs femmes, et qu'ils la font avec
une docilité exemplaire.

Au-dessous de chaque groupe se trouve in-
scrit, en quelques mots, le récit du trait mis en
scène.

Quatre bâtiments accompagnent à l'extérieur
les quatre façades de ce second jardin :

D'abord une église.

— Tu vois que l'édifice est vaste, n'est-ce pas ?
Eh bien ! les dimanches et les jours de fête, l'es-
pace fait défaut. C'est que, ces jours-là, les pré-
dicateurs les plus célèbres se disputent l'honneur
d'y monter en chaire. Ne t'y trompe pas, on vient
conquérir ici son blason d'éloquence chrétienne.
Les ouvriers y affluent, attirés d'abord par le
charme de la parole, puis cloués sur leurs
chaises et attendris par de touchants conseils.

En face, le bâtiment des asiles et des écoles.

D'un côté, le lavoir et les bains publics.

D'autre côté, le quatrième édifice, portant sur
son fronton l'inscription suivante : *Syndicat des
femmes.*

Cela t'étonne, je le vois, et je prends les de-
vants.

Sous un règne où l'on a tant fait pour ceux
qui souffrent, la question des femmes devait
être soulevée, étudiée, résolue. Elle le fut. C'é-
tait, crois-moi, chose malaisée. Depuis long-

4.

temps on se disait tout bas que la misère, qui parle dans l'ombre à l'oreille des filles du peuple, ne leur conseille rien de bon ; que l'ouvrière ne peut, si l'on ne protége son travail, suffire à ses besoins et se conserver pure ; qu'en fin de compte son honneur est celui du père, du mari, de la famille ; que la société en répond. Mais bah ! rien ne pressait : pas une grève de femmes, pas un club secret, pas le moindre 93 ; et pourtant la loyauté nous dit que plus une créature est douce, confiante, désarmée, plus il faut avoir souci de ses droits. Enfin, ce qu'on chuchotait en cachette, on vient de le proclamer tout haut. Oh ! alors, on s'est mis bravement à l'œuvre ; on a organisé en faveur des femmes un système de protection, non, je me trompe, de justice distributive, se résumant par les mesures que je vais te crayonner en quelques traits :

Admission des femmes, et seulement des femmes, aux emplois qui leur sont réservés par la nature. Seules elles ont entrée dans les ateliers,

les magasins, les boutiques qui ont affaire à quelque branche de la toilette de leur sexe, à la pré-
paration, au débit des aliments ; partout enfin où
il ne faut ni la vigueur du bras ni les labeurs du
cerveau. Console-toi donc, mon pauvre ami, de
ne plus voir, dans les magasins du caprice, de
gentils damerets étaler devant ta femme et ta
fille, à part leurs œillades, la soie, la dentelle,
les parfums. Mais, par contre, tu ne verras plus,
dans de sordides usines, de faibles créatures
pliées sous les corvées qui sont le lot naturel de
ces messieurs.

Remaniement du travail dans les prisons, les
ouvroirs, les couvents, de manière qu'il ne s'en
échappe jamais une déloyale concurrence, venant assaillir, dans son honnête taudis, la pauvre ouvrière, chargée souvent de plus de far-
deaux qu'elle n'en peut porter.

Prescriptions et encouragements tendant à
pourvoir au chômage, à maintenir le salaire en
équilibre avec les besoins de la journée.

Renvoi gratuit dans son pays de toute femme
qui le demande, alors qu'elle est privée des
moyens de se suffire à Paris.

Il fallait, avant tout, veiller sur ces droits nouveau-nés, empêcher qu'ils ne fussent étouffés
dans leur berceau. Pour cela on a imaginé un
syndicat composé de femmes. Sentinelle des priviléges des faibles, il fait bonne garde alentour ;
les défend contre l'usurpation et le braconnage
des forts ; dresse procès-verbal des délits, et les
dénonce à l'autorité, qui lui prête main forte.

Justice à qui le mérite. Nos Parisiennes ont été
sublimes de dévouement et de patriotisme fémi-
nin. Une de leurs boutiques se laissait-elle envahir
par les hommes, elle devenait un lazaret. On passait prudemment sur l'autre trottoir, pour échap-
per à la contagion de l'étalage. Une marchandise,
œuvre familière des femmes, avait-elle une origine
suspecte de virilité, elle restait sans cours. Il y
eut pourtant, il faut le dire, un moment d'hésitation, un seul. Quand il fut question d'ouvrir aux

accoucheuses la porte des chambres à coucher,
les bourgeoises ne se pressaient pas de signifier
congé aux docteurs. L'exemple alors descendit
des plus grandes dames de Paris. Il n'en fallait
pas plus. De ce jour, les sages-femmes firent fu-
reur ; on ne tarda pas à s'apercevoir qu'elles ont
autant d'habileté que messieurs leurs confrères,
que l'adresse supplée à la force, et tout fut dit.
On m'a assuré qu'un meeting de maris se serait
réuni dans la grande salle du syndicat des femmes, et aurait voté à ces nobles dames des baise-
mains reconnaissants. Je n'ose affirmer le fait.

— Tiens, regarde par ici. Tu vois, dans cet
enclos, devant le syndicat, ces essaims de femmes
chuchotantes et affairées. On croirait entendre
murmurer l'émeute.

— Ce que tu appelles un enclos est la portion
du square consacrée, sans mélange, aux femmes, comme le sont certains compartiments dans
les trains de chemin de fer. Elles se réunissent,

ce matin, pour voter sur un prix de trois mille
francs que la ville de Paris accorde, le 1er janvier
de chaque année, à la femme, mariée ou veuve,
qui, dans la colonie, a réuni les suffrages de ses
compagnes. Le 1er juillet, ce sera le tour des
jeunes filles. Du reste, pas de programme pour
l'élection, nulle condition. Les votantes sont
seules juges du mérite et, qui plus est, du genre
de mérite de leur lauréat. Le prix est décerné
par la présidente du syndicat, dans la grande
salle, maire et curé présents. Si la jeune personne, héroïne de l'urne de juillet, trouve un
épouseur dans l'année, la ville se charge du gala
de noce.

Pareille cérémonie se renouvelle deux fois par
an, à chaque mairie d'arrondissement, comme
dans chaque colonie. Bien mieux, heureuse contagion du bien ! dans bon nombre d'ateliers, les
chefs d'industrie ont installé l'urne, à leurs frais,
en faveur des femmes qu'ils occupent.

— En vérité, tu me vois ébahi.

— Eh bien! avant de te livrer à tes ébahissements, sache encore que toute ouvrière qui se marie, fille ou veuve, reçoit, le jour de son union, un capital de cinq cents francs en rentes sur l'État. Une seule condition : qu'elle soit Française et Parisienne ; ou, pour remplacer ce dernier titre, qu'elle ait conquis droit de cité, par dix ans de domicile et de travail non interrompus dans Paris.

— Comment! il suffit à une Parisienne de consentir à prendre mari, pour devenir titulaire du grand-livre de la dette publique!

— C'est une ruine, n'est-ce pas? Eh bien! mon ami, fais, sur ce point, le bilan financier de l'État, laissant de côté, si bon te semble, le bilan moral, et tu verras qu'il fait une affaire d'usurier. Le calcul est simple. L'exposition des enfants trouvés est bien plus rare depuis cette institution. Or les cinq cents francs de dot de chaque fiancée, mis au bout des prix semestriels, sont loin d'atteindre à la hauteur des millions

que coûtaient à l'État et aux hospices ces pauvres petits bâtards, aujourd'hui remplacés par
des enfants légitimes, choyés, caressés, élevés
sous le toit de leurs parents.

Crois-moi, tout compte fait, des dépenses de
ce genre enrichissent toujours un État.

VI

SUITE DES PROGRÈS POPULAIRES

Restaurant à bon marché. — Établissements populaires annexés à chaque mairie. — Avantages réservés au peuple dans les spectacles et les chemins de fer. — Le dimanche férié. — Bons au porteur sur la poste.

Neuf heures sonnaient. La faim s'était mise de la partie. Je proposai à mon intarissable compagnon de poursuivre, mais en déjeunant, nos études populaires.

Une façon de restaurant se rencontre à point,

s'il est permis de nommer ainsi ces simples ré-
fectoires très-répandus dans la colonie. La servante, la table, le couvert, le linge, tout est d'une
propreté appétissante. Nous nous asseyons, et le
colloque de continuer de plus belle, sans nous
faire perdre un coup de dent.

— Ne crois pas, mon cher, que la cité que
nous venons de visiter soit la seule de son genre;
il y en a tout autour de Paris, mais celle-ci est
la plus complète. Ne crois pas non plus que tout
ce qui est soulagement et douceurs pour les
masses se soit réfugié ici, comme dans un tem-
ple ayant droit d'asile. Pas le moins du monde.
Ce que tu vois, tu le retrouveras, groupé autour
de la mairie, dans chaque arrondissement. Paris
regorge de prérogatives pour le peuple. Il n'existe
pas, que je sache, un établissement public, un
seul, qui ne soit son tributaire.

Dans les théâtres, et je n'en excepte aucun,
des places sont mises en réserve pour lui, places
commodes, propres, et, pour tout dire en un

mot, honorables. Les prix en sont modiques.
Elles représentent réglementairement le quart de
la salle. Défense de les louer d'avance. On attend,
sans trop d'impatience, l'ouverture des portes,
sous des galeries éclairées, à l'abri des intem-
péries. On ne prend plus au bureau, par le même
guichet, son billet et son rhume.

Dans les grandes cérémonies nationales, au
sein des solennités de la science, des arts, de la
politique, il a sa banquette d'honneur, ses stalles
qui l'attendent. Rien de complet sans lui. Comme
tu le penses bien, on fait bonne garde autour de
ses réserves, sans quoi elles seraient prestement
envahies, à petit bruit, par les manœuvres des
valets de bureaux.

Sur les chemins de fer, ses compartiments
sont, de tous points, semblables à ceux de l'opu-
lence, à cela près que le luxe y est remplacé
par une exquise propreté. Des bouilloires en décembre, des stores en juillet, des coussins en
toute saison. Les prix en sont plus modérés. On

a fait mieux encore : les places, pour les lignes de banlieue, déjà abaissées pendant la semaine, coûtent moins cher les dimanches et fêtes. Heureuse et morale innovation qui donne à l'artisan, d'un même coup, la bonne pensée et la facilité de se promener, ces jours-là, sa femme au bras, ses petits bambins à la main.

Ces jours-là aussi, sur tous les chantiers de l'État et de la ville de Paris, l'ouvrier fait le bourgeois. C'est pour lui le septième jour de la Genèse. Malgré cela, s'il n'a pas manqué à l'appel pendant la semaine, il reçoit le salaire non de six jours, mais de sept. Entre nous, c'est justice : avoue qu'on ne lui donnerait qu'en gasconnade le droit de repos, si l'on n'y joignait en monnaie le droit de se nourrir.

Crions-le bien haut, à la gloire des Parisiens, cet exemple évangélique a été aussi contagieux, aussi rapide, dans sa contagion, que celui des sages-femmes. Dans les grandes administrations, dans les fabriques, dans les magasins, et jusque sur le pas de porte de l'étroite boutique, tout le monde a bravement acclamé le précepte chrétien. Le jour de fête, l'atelier se tait, la vitrine se voile. Il faut bien confesser que, pour en arriver là, on a vu des étalages rebelles, et je dis des plus florissants de Paris, s'écrouler, en un mois de lutte, sous la malédiction parisienne, pour ne plus jamais se redresser; mais enfin le saint jour du dimanche est resté vainqueur. Lundi est en fuite. Ce que Paris veut, Dieu le veut.

— Laisse-moi revenir un instant sur les théâtres, les chemins de fer, les omnibus. Comment a-t-on payé les libéralités imposées à leur caisse?

— Parbleu! par la monnaie familière de l'autorité : additions de lignes, prolongations de priviléges, révisions de tarifs, quelquefois même indemnités annuelles. On ne connaissait jusqu'ici que des subventions profitables aux classes ai-

sées : il était juste que la multitude eût aussi les
siennes.

— Tiens, regarde à travers les vitres. Que font
donc ces deux hommes, debout sur le trottoir,
l'un présentant des papiers de couleur, l'autre
comptant quelques pièces blanches? ce facteur
et cet artisan?

— Ces papiers sont des bons au porteur sur
la poste, progrès qui date d'hier. Ils sont de cent
francs et au-dessous, valables pour trois mois,
pas plus, et sans intérêts. On les trouve dans
tous les bureaux de poste, et aussi, comme tu le
vois, dans la boîte du facteur. Rien de plus expé-
ditif pour faire aller et venir de petits capitaux
de quartier à quartier, ou de Paris à la province.
L'ouvrier veut-il partager son épargne avec sa
mère absente, il ne gaspille plus ici trois heures
de sa journée; que dis-je? trois heures, sa journée entière. Là-bas, la bonne femme n'est plus
forcée de se traîner à la ville voisine, d'y men-

dier l'assistance, ne sachant pas signer, de
deux témoins de la localité, et tout cela, pour
toucher quelques francs! Non, personne ne le
croirait aujourd'hui. Si la pauvre vieille était
au lit, incapable de se déplacer, il ne lui restait que deux partis à prendre : ou subir les
frais d'une procuration passée devant notaire,
ou abandonner à l'État le pieux secours de son
enfant.

— Mieux valait, ce me semble, frapper des
billets de banque au-dessous de cent francs.

— Ils eussent été d'un chiffre rond : cinq
francs, dix francs, vingt francs, cinquante francs.
Ceux de la poste représentent, à l'aide de cou-
pons additionnels, la somme exacte qu'on demande. Ils ne sont pas d'ailleurs délivrés gratui-
tement.

Veux-tu savoir ce que vaut une idée nouvelle? mets-toi aux écoutes à la porte du peuple.
Eh bien! la foule reconnaissante appelle la poste
sa petite banquière.

VII

FIN DES PROGRÈS POPULAIRES

Asile pour la vieillesse des ouvriers. — Achats de terrains et maisons à bon compte. — Le crédit foncier.

— Ces vieux parents dont tu me parles, ces artisans honoraires, ils sont bien dignes d'intérêt. Ont-ils au moins trouvé leur place, au milieu de tant d'améliorations?

— Je vais te raconter ce que j'en sais : le sou-

verain avait fondé pour eux un asile à Vincennes.
Les vieux grognards de l'atelier y étaient cordialement accueillis; ils y entraient le cœur joyeux.
Mais là les portes ne pouvaient s'ouvrir aussi
aisément qu'à l'hôtel des Invalides, car le canon
a de longs silences, au lieu que la bataille contre
la misère ne connaît pas d'armistice. Elle recommence tous les matins, dès la première heure du
jour. C'est alors qu'on vit éclore une idée nouvelle qui, en préparant à la famille un avenir
d'aisance par le travail, donnera satisfaction, du
moins on l'espère, à ses devoirs envers ses vieux
parents. Suis-moi bien :

L'administration de l'assistance publique
acheta, aidée de la loi d'expropriation, à quatre
kilomètres de Paris, la plaine dite de Long-
Boyau, verte oasis, s'étendant sur les deux flancs
du chemin de fer de Lyon, depuis Maisons-Alfort
jusqu'à Villeneuve-Saint-Georges, où elle arrive,
en compagnie de la Seine. Une fois devenue propriétaire, son premier souci fut de planter au

centre une station de chemin de fer, et de dé-
couper son domaine en menus morcellements,
avec des avenues habilement crayonnées, pour
desservir chaque lot. Après quoi elle livra le tout
au Crédit foncier de France, avec les injonctions
suivantes :

Tout ouvrier parisien serait libre de jeter son
dévolu sur un lot de terrain de six cents mètres,
et d'en faire sa propre chose, en promettant de
payer chaque semaine, le dimanche, un centime
pour deux mètres de terrain, pendant une pé-
riode de cinq ans, ce qui ferait, pour les six cents
mètres :

Trois francs par semaine,
Douze francs par mois,
Cent cinquante-six francs par année,
Et, enfin, sept cent quatre-vingts francs pour
les cinq ans.

Cette redevance hebdomadaire de trois francs
comprendrait à la fois et le prix d'achat et les

intérêts. Acquittée, semaine par semaine, sans
lacune, elle conférerait, au bout de cinq ans,
l'investiture du lopin de terre. Si l'acquéreur ne
pouvait donner suite aux payements, il lui reste-
rait encore le choix, ou de laisser vendre le terrain à ses risques et périls, avec une procédure
simplifiée et économique, en acceptant la perte,
en profitant du boni; ou d'abandonner la propriété au Crédit foncier, sans aucune chance pour
lui-même, en se faisant rendre tout ce qu'il aurait versé jusqu'alors, sans intérêts.

Ce serait donc pour l'ouvrier, même tombé
en déconfiture, une caisse d'épargne, une sorte
de tirelire.

Il aurait en outre le droit, en ajoutant une
seconde mise de trois francs par semaine,
d'exiger, à son heure, la construction, sur son
terrain, d'une maison solide, contenant deux
pièces au rez-de-chaussée, deux pièces au premier étage, petit caveau au-dessous, petit gre-
nier au-dessus.

Tout cela s'est exécuté, et voici ce qui en est advenu :

La plaine de Long-Boyau est revendue en détail, et l'on découpe ailleurs de nouveaux villages sur le même patron. Les artisans les moins aisés ont fait emplette d'abord du terrain, qu'ils ont cultivé pendant cinq ans, puis de la maisonnette. Les plus robustes ou les plus habiles ont acheté à la fois terrain et maison, et se sont trouvés quittes au bout de cinq ans, en comptant six francs, au lieu de trois, chaque dimanche.

— Jusqu'ici je n'aperçois pas la place des parents.

— Nous y arrivons. L'ouvrier a conduit là son vieux père, sa vieille mère. Eux ont cultivé l'étroit domaine, gardé et entretenu la maison. Le petit revenu, bien modeste sans doute, leur a suffi pour vivre. On a besoin de si peu, quand on récolte soi-même, et ce peu est si bon! Crois-moi, la volupté du chez soi s'accommode aisément du voisinage de la gêne; celle-ci est le far-

deau, mais celle-là est la force pour le supporter.
Elles font ensemble bon ménage. Puis les enfants
envoyaient de temps à autre quelques petits
subsides; ils sont venus les dimanches, amenés
à bon compte par les chemins de fer, et ces
braves gens ont eu l'orgueil, en embrassant
leurs parents, de fouler aux pieds leur terre, rêve
et chimère de toute leur vie! Ils se sont sentis
propriétaires, attachés au sol, héritage de leur
travail, horizon de leur petite famille, et, partant, au pays, à l'ordre, au souverain, qui leur a
fait toutes ces jouissances.

— Très-bien, mais le Crédit foncier, quel
traité a-t-il fait avec l'assistance publique?

— Je l'ignore; mais le traité n'était pas diffi-
cile. Somme toute, le terrain se trouve ainsi re-
vendu sur le pied de un franc trente centimes le
mètre, intérêts compris. Je gage qu'il y a béné-
fice sur l'acquisition en bloc.

Nul n'est admis à profiter de ces avantages,
s'il n'est Français et Parisien, ou s'il ne compte,

n'étant pas Parisien, dix ans de domicile et de travail continus dans Paris.

— Pourquoi donc?

— Ne vois-tu pas que, sans cette règle, la France viendrait s'engouffrer dans Paris? D'ailleurs ces sortes d'établissements commencent à se propager en province.

Notre frugal repas était fini, et notre bourse à peine allégée de quelques gros sous. Mystère, à l'époque où nous vivons, mais mystère expliqué par la modicité du loyer de notre restaurateur et ses facilités d'approvisionnement. Nous quittons la colonie de Saint-Antoine, ne rencontrant sur notre passage que des fronts heureux, et très-heureux nous-mêmes de tout ce que nous avons vu.

VIII

PROGRÈS MATÉRIELS

Suppression du canal Saint-Martin et de tous les chemins de fer dans Paris. — Avantages. — Extension de la loi d'expropriation. — Proscription des usines. — Commission des artistes. — Transformation de la place de la Bastille.

— Aborbons à présent les progrès physiques, et d'abord apprends que le plus splendide, le plus fécond de tous, c'est le refoulement du canal Saint-Martin et des chemins de fer, petits ou grands, jusqu'au delà des portes de la ville.

U.

— Plus de canal, plus de chemins de fer dans Paris! et on ne les regrette pas?

— Regretter quoi?

Le canal? Je ne veux pas parler de tout le mal qu'il a fait à Paris. Il n'est plus; oubli et pardon! Mais dis-moi donc quels services il a jamais rendus. Ouvert à la navigation en 1822, il était déjà une flagrante inutilité quelques années plus tard, c'est-à-dire dès que les voies ferrées vinrent graviter autour de nous. Plus de raison d'être alors, mais il existait, et on le laissait exister, voilà tout. Au reste, il n'est pas mort tout entier; il rampe sous terre, réduit au modeste rôle d'un gros tuyau de fonte, alimentant les ménages et les bornes-fontaines d'alentour.

Le chemin de fer circulaire d'Auteuil? il ne faisait pas plus, en faveur de la circulation, qu'un simple service d'omnibus. Le nouveau, dont je te dirai un mot tout à l'heure, est de bien autre importance.

Les lignes de la banlieue, de la province, de l'étranger? Leurs gares bourgeoises, plantées de travers, mais pénétrant dans les entrailles de la ville, offraient bien, par cette circonstance, quelques avantages pour le va-et-vient des hommes d'affaires, toujours haletants; économie de quelques pas, c'est vrai, mais économie qui a été royalement rachetée.

Tiens, pour bien juger de la chose, place-toi dans un ballon, au-dessus du centre de Paris, et regarde autour de toi.

Tu verras, sur les confins de la ville, une lisière à quatre raies se côtoyant : la première raie est un boulevard intérieur, la seconde la ligne fortifiée, la troisième un chemin de fer extra-muros, et la quatrième un autre boulevard. Les trois voies et le rempart marchent de front, parallèlement, et font ainsi, en se donnant la main, le tour de Paris. C'est à cette lisière, à ce faisceau de chemins circulaires, que viennent se souder les routes de fer et de terre se dirigeant sur la métropole; c'est là, en dehors des portes, que sont plantés les monuments des gares. Tout se relie donc, comme dans les mailles d'un filet, et la banlieue, elle aussi, se trouve admirablement desservie.

Porte maintenant les yeux au-dessous de toi, dans l'intérieur de la ville; tu verras, sur les traces effacées des chemins de fer et du canal, se dérouler de riches avenues, toutes pleines de soleil et de promeneurs.

Crois-moi, c'est de ce moment que Paris est vraiment Paris, la ville par excellence. Le 1er janvier 1860, à un coup de sifflet donné, la vieille enceinte s'était envolée, comme un décor d'opéra. Très-bien, mais restaient les sillons ferrés, restait le fossé fangeux du canal, autres enceintes, oubliées par les démolisseurs. Sur chaque revers, tout était muraille et solitude, boue et haillons. Paris a balayé ces barrages et ces ordures; il est entré partout, s'est répandu partout, du centre à la circonférence. Aujour-

d'hui son niveau s'élève limpide jusqu'aux re-
bords du vase.

— Allons, je me rends à ton lyrisme. Mais
quelles dépenses pour la ville et l'État!

— Bah! tu veux dire quels bénéfices! Écoute-
moi :

L'État, d'accord avec l'édilité parisienne, a
concédé aux compagnies le droit d'aliéner et de
morceler le sol occupé dans Paris par les chemins de fer et le canal, à la condition que les
acquéreurs le couvriraient, dans des délais con-
venus, de constructions aménagées suivant un
plan d'ensemble, et qu'elles-mêmes, compagnies, édifieraient de nouvelles gares extra-
muros, dans des mesures et avec des élégances
monumentales. Le débit des terrains a été fructueux, si fructueux, que l'État et la munici-
palité, pour le contingent d'avantages qu'ils
s'étaient réservés, ont vu leurs caisses s'emplir
de billets de banque, et la capitale se parer
d'opulentes constructions.

A part ces réformes hardies, tu verras, planant du haut de ton ballon, bien d'autres améliorations. Paris est transfiguré, mon cher, et, si
tu me demandes comment on s'y est pris pour
mener à fin cette œuvre gigantesque, je te ré-
pondrai qu'on a accepté les services d'une puissante fée, et de plusieurs petits génies, ses enfants.

La fée, tu la connais déjà, c'est la nouvelle loi
d'expropriation publique. Paris est l'écrin de la
France, la ville-gâteau, la ville-hameçon. On s'est
dit qu'elle mérite bien une exception ; qu'à tout
prendre elle est seule, et doit avoir sa loi à elle
seule, loi des père et mère vis-à-vis d'une fille
unique ; qu'il lui faut l'utile pour les faubourgs,
le splendide pour les centres ; le splendide étant
là, à l'inverse de la loi commune, son nécessaire.
Cette pensée bien comprise, on a exproprié des
maisons, des terrains, non plus seulement pour
des rues et des places, mais pour de grandes
fondations populaires, comme la colonie Saint-

Antoine, et aussi pour des conceptions d'ensemble, de grandeur et d'éclat.

— On va loin avec ces trois mots.

— Ne m'interromps pas, je te prie. Les mesures protectrices d'autrefois sont toujours là, faisant bonne garde et, de plus, la commission d'artistes, dont je vais te parler, est de nature à rassurer les Parisiens. Je continue :

Un bourgeois ne veut pas niveler son monticule ; un autre refuse de combler son bas-fond · un troisième laisse à l'état de voirie un terrain de façade. Si la question intéresse l'édilité, monticule, bas-fond, voirie, tombent aux mains de la ville, après décret, enquête d'utilité publique, jugement, fixation d'indemnité, etc...

Autre innovation. Il n'est plus nécessaire que l'indemnité soit versée avant la prise de possession. Partie est payée au comptant, la ville a des délais pour le reste.

— Mais...

— Je te devine. La loi porte que le payement,

en matière d'utilité publique, sera préalable.
Eh bien, mon ami, cet article n'existe plus.
Grand dommage, en vérité, pour les Parisiens!
Leur bien est estimé sur un large pied ; ils ont
confiance dans la ville. D'ailleurs, je te l'ai dit, il
s'agit d'une fille unique, gâtée, et l'État s'est
paternellement rendu caution de ses dettes de
toilette.

Grâce à ces facilités, notre lord-maire, toujours dévoré de la fièvre des belles choses, a pu
mener de front, et à grandes guides, des travaux d'ensemble, les uns de rigoureuse utilité, les
autres décoratifs, en deçà et au delà du fleuve. Il
l'a fait, chose inouïe! en n'ajoutant rien, ou presque rien, aux charges du budget municipal.

— Chose inouïe, en effet.

— Et pourtant bien réelle, tu vas le com-
prendre. La ville, autant que possible, ne fait
rien par elle-même; c'est sa loi. Donc, dans
chaque affaire, elle se substitue des compagnies
à qui elle transmet ses engagements, ne restant

là que pour surveiller, prélever sa part de profit,
et rassurer, par sa garantie, les propriétaires
évincés.

Voilà pour la loi d'expropriation, avec ses
conséquences. Quant aux autres moyens mis en
œuvre, je vais t'en citer sommairement quelques-
uns :

Les cheminées à vapeur ont été balayées de
Paris, sans merci, comme on délivre un salon
peint à fresques d'un âtre qui fume. Défense
d'établir de nouvelles usines, même étrangères
à la vapeur. Celles existantes sont maintenues
précairement, et sauf indemnité graduelle, suivant l'époque de leur retraite.

Un terrain cédé par la ville doit être couvert
de constructions, au bout d'un délai donné, et
dans des conditions prescrites.

Enfin il a été institué, et c'est là le précieux
complément de ce qui précède, une commission
d'artistes, mais de vrais artistes, chargée d'étu-
dier et de faire exécuter les voies, les places, les

monuments. Elle se compose de tous les génies
les plus éclatants de la France et de l'étranger
(le génie est cosmopolite). Sa mission est de ramener à Paris le beau qui s'expatriait. Elle agit
ici par elle-même, là, en ouvrant des concours.
Rien ne s'affranchit de son contrôle. Un propriétaire veut-il construire, il lui soumet ses
plans. Elle les rature, soit pour les dispositions
de l'édifice, dans l'intérêt de l'hygiène, soit pour
l'aspect des façades, soit pour ses points de contact et d'harmonie avec les maisons voisines.
S'agit-il de travaux publics, elle signe magistra-
lement ses œuvres sur la pierre, comme le poëte
sur le vélin, parce qu'elle aspire, comme lui, à
l'immortalité.

— Allons, je le vois, les Parisiens ont abdiqué
tous leurs droits.

— Leurs droits sur quoi? Paris n'est pas aux
Parisiens : il appartient, il fait honneur, il porte
profit à tous. Pénètre-toi bien de cette pensée.
Après tout, si c'est une tyrannie, la tyrannie est

élégante, artistique, fertile. Les Parisiens trouvent bon de se laisser embellir et enrichir, sans trop crier.

— Tu ne t'aperçois pas que ton enthousiaste bavardage nous a ramenés à notre point de départ, à la place de la Bastille.

— Je le savais, c'est à dessein. Regarde à présent cette place, je te le permets. Quelle distribution harmonieuse, quelle brillante rencontre de larges voies ! Pour en bien juger, plaçons-nous au centre, faisant face à la Seine.

Derrière nous, le boulevard Beaumarchais.

Devant, le boulevard d'Italie, ancienne gare de l'arsenal. Tu le vois, là-bas, franchissant le fleuve sur un nouveau pont d'Austerlitz, s'incorporant au boulevard de l'Hôpital, à la route d'Italie, qu'il régénère sur son passage, et réunissant ainsi, par une seule voie magistrale, la Bastille à la porte d'Italie.

A notre droite, la vieille rue Saint-Antoine ; à

côté, la nouvelle avenue de l'Arsenal, qui a troué le trop paisible quartier de Sully.

A notre gauche, le grand boulevard de Lyon, usurpant le parcours de l'ancien railway, jusqu'à Bercy; le boulevard de Vincennes se déroulant sur les traces du chemin de fer d'autrefois; le faubourg Saint-Antoine, et enfin l'avenue Richard-Lenoir, voie riante, qui traverse aujourd'hui tout Paris et se prolonge jusqu'à Pantin, à la place où rampait et bavait ce serpent obscur, immonde, appelé le canal Saint-Martin.

Ne dirait-on pas qu'ici se sont donné rendez-vous les somptueuses améliorations que je te crayonnais tout à l'heure?

IX

SUITE DES PROGRÈS MATÉRIELS

Horloges publiques. — Monopole municipal d'affichage. — Cicérones. — Façades, murs, palissades. — Tables, chaises, urinoires. — Service nocturne de nettoiement et d'approvisionnement. — Système général de pesage et de mesurage. — Déplacement des portes Saint-Martin et Saint-Denis. — Avantages. — Décoration des places historiques.

— Tu vas voir maintenant défiler sous tes yeux, une troupe de petits progrès journaliers, familiers. Un à un, ils ne sont rien ; groupés, ils complètent un ensemble. Suivons le boulevard Beaumarchais.

7.

De distance en distance, tu remarques ces colonnes de bronze, sveltes, de bonne mine. Ce
sont de nouveaux candélabres, dont la lumière
est habilement mise à profit : au faîte, la gerbe
de gaz ; au-dessus, un grand cadre d'horloge,
lumineux le soir, sonnant quatre fois par heure ·
de chaque côté, un baromètre et un thermo-
mètre ; plus bas, de larges tableaux, refuges
d'affiches blanches, bleues, roses, vertes, toutes
disposées avec goût.

Tu me regardes, voici ce que c'est : l'autorité
municipale s'est faite la fermière générale de
l'affichage parisien, fermière et propriétaire à la
fois ; elle y gagne gros, et la morale n'y perd
rien. Plus de ces annonces immondes qui faisaient
baisser les yeux des enfants et des jeunes femmes ;
plus de pêle-mêle d'inscriptions, salissant la
blancheur de nos rues. Un mur parisien, n'importe lequel, s'il n'est de pierre de taille, doit
être peint à l'huile. Une palissade qui ferme un
terrain ou une propriété en construction est

faite de planches aplanies, juxtaposées avec soin,
couvertes de couleur à l'huile. Une façade,
qu'elle s'appelle rue Mouffetard ou faubourg
Saint-Honoré, est propre et fraîche. On le veut,
on y tient la main, et c'est ce qui donne à Paris
cet air d'aisance et de fête qui réjouit les yeux.

Çà et là des sergents de ville-cicerones se
tiennent de planton, renseignant les étrangers
en français, en anglais, en allemand.

Autour de nous, tout est propre, riant, uniforme : les tables au-devant des limonadiers, les
bannes, les auvents, les chaises, les étalages,
et jusqu'aux charrettes à bras des petits commerçants; en un mot, tout ce qui a le droit, de
par M. le préfet, de stationner ou de circuler
sur le trottoir ou le pavé. Vois ces étroits réduits
circulaires, si utiles pour les allants et venants.
Pour plus de décence et pour moins d'insalubrité,
le jour leur vient d'en haut, accompagné d'une
puissante ventilation. Ils sont clos en tout sens et
garnis d'une porte qui se referme d'elle-même.

Un signe particulier indique au dehors que la station est occupée. C'est l'occupant lui-même qui donne cet avis, à son insu, par un mécanisme placé sous ses pieds.

A ce moment, un groupe de curieux nous barrait le passage. On faisait cercle autour d'une voiture de bois arrêtée et d'un sergent de ville aux prises avec le conducteur.

— Tu vois un pauvre diable en défaut. On dresse procès-verbal contre lui.

Paris est approvisionné et nettoyé durant la nuit, et le matin, jusqu'à midi. Quand l'heure sonne, plus une voiture de fournisseurs, de service, de matériaux, de nettoiement, n'ose se montrer ; regarde, l'agent indique du doigt l'horloge publique ; elle marque midi et quart ; le pauvre homme baisse la tête.

Examine-moi cette voiture : elle est peinte et tenue proprement ; c'est le modèle prescrit pour les gros transports ; et quelle ingénieuse disposi-

tion! Elle sert elle-même de balance et de mesure, pour peser ou cuber la marchandise qu'elle
transporte. L'opération a lieu aisément, partout.
Vois-tu? l'agent tient en mains la facture, il fait
jouer le mécanisme, et la charrette lui dit si le
poids ou le volume du bois est exact.

Cet honnête système, l'autorité l'a étendu
jusqu'à ses dernières limites : un vase, un flacon,
un fût; une marchandise, un objet, n'importe
lequel, destiné à la vente, est frappé, pour peu
que la chose soit possible, d'un timbre constatant
sa capacité, son poids, ses dimensions; et, pour
que rien n'échappe au contrôle, ce timbre est
tributaire d'un droit fiscal.

La petite scène de l'agent et du voiturier se
passait entre la place Saint-Martin et la place
Saint-Denis; je remarquai avec surprise que les
deux portes avaient disparu.

— Tu cherches les deux monuments qui s'éle-
vaient ici et là, n'est-ce pas? Que veux-tu, mon

cher, on a déplacé les deux gloires de Louis XIV.
Elles ne sont pas perdues pour cela; on les ad-
mire encore, au sommet des faubourgs Saint-
Martin et Saint-Denis.

C'est bien dommage, ma foi, d'avoir perché si
haut la face radiée du soleil, le bel Hercule nu,
terrassant les peuples à coups de massue. C'est
si ingénieux, si naïf surtout!

Pour moi, je trouve qu'on a bien fait. Le héros
s'était planté là, juste en travers de la circulation, pour être mieux admiré sans doute. Il y a
deux siècles de cela. Cependant les sols voisins
s'étaient gonflés, d'année en année, loi éternelle
des villes; des atterrissements imperceptibles,
successifs, silencieux, s'étaient superposés. Les
deux géants, incapables de se soulever, avaient
vu leurs talons, puis leurs pieds, s'ensevelir tout
vifs; puis deux humides entonnoirs se creuser
autour d'eux. Enfin, on en était venu, uniquement pour conserver ces pierres et ces bas-fonds,
à la nécessité de trancher à vif, au sein des bou-

levards, une route en manière de fossé, entre
deux escarpements de maçonnerie, chose mal-
saine et disgracieuse. Une fois ces deux portes
évanouies, les deux places ont été tout simple-
ment relevées à la hauteur des niveaux voisins ;
maintenant on y circule à pied sec, le soleil y
pénètre, le vrai soleil ; on n'y rencontre plus le
moindre casse-cou.

Ne crois pas, s'il te plaît, que ces deux points
isolés aient seuls bénéficié du déblai ; il a étendu
ses bienfaits, de proche en proche, jusqu'à la
Bastille. Jadis nulle toilette de femme n'osait
s'aventurer ici. C'étaient, soit dit sans jeu de
mots, les deux colonnes d'Hercule du monde élé-
gant. A tout promeneur, venant du côté de la
Madeleine, elles criaient de loin : « Halte-là ! » et
l'on s'arrêtait docilement, et l'on rebroussait
chemin. Aujourd'hui qu'elles n'y sont plus, Dieu
merci ! on a tout oublié, tout pardonné. Les
boulevards au delà, comme ceux en deçà, par-
tagent la même prospérité, parce qu'ils parti-

cipent à la même splendeur. Un rien parfois en-
fante de grandes choses !

Puisque nous sommes sur le compte des places
publiques, c'est le moment de te parler du système adopté par la commission des artistes, pour
l'ornementation des plus célèbres. Celles qui
portent le cachet d'une époque ou d'un règne de
la monarchie sont enrichies de statues que
j'appellerai *de situation*. C'est ainsi que Napoléon Ier, sur son piédestal colossal de la place
Vendôme; Louis XIII, place Royale; Louis XIV,
place des Victoires; le bon Henri IV, au sommet
du pont Neuf, vivent à présent en compagnie
des guerriers, des ministres, des savants et des
artistes qui ont illustré leurs règnes. Les places
ont été restaurées dans le style des époques. Au
pied de ces hommes de bronze et de marbre, on
lit de courtes légendes, rappelant au peuple les
services qu'ils ont rendus à la France.

X

SUITE DES PROGRÈS MATÉRIELS

Fête de Paris, du Souverain et de la France entière.

— Notre belle ville, ainsi parée, mais d'une parure de bon goût, était bien aise de recevoir chez elle, au moins une fois chaque année, les provinces, ses sœurs, de leur montrer sa toilette et ses joyaux. Elle demanda sa fête et l'obtint ;

8

c'était justice, puisque le hameau le plus obscur
a la sienne. Le 15 août, déjà cher par les souvenirs touchants de la foi, devint la fête de Paris,
du souverain et de toute la France.

Elle dure depuis l'Assomption jusqu'au
deuxième dimanche suivant, ce qui ne peut jamais s'étendre au delà de quatorze jours ; mais
les seules journées vraiment fériées à la façon du
peuple, je veux dire illustrées de lampions, de
jeux en plein air, de fusées lumineuses, sont
le 15 août et les deux dimanches d'après.

Les gens du monde s'écartaient volontiers de
ces sortes de réjouissances ; ils y manquaient, et,
disons-le, tout y manquait pour eux. C'était une
lacune à leur préjudice. On y a pourvu en com-
posant le programme de joies et de petits bon-
heurs familiers à toutes les classes de la société.
L'esprit lui-même y est alléché par des bonnes
fortunes qu'il ne retrouverait à nulle autre
époque. Ainsi on entremêle, mais avec ordre :

Courses de chevaux dans les bois de Boulogne

et de Vincennes, avec des prix pour les vainqueurs ;

Primeurs d'œuvres lyriques et dramatiques de
premier rang ;

Symphonies de la Société du Conservatoire et
concours d'orphéonistes de Paris et des dépar-
tements,

Expositions les plus attrayantes des arts utiles
ou agréables ;

Pompes académiques et politiques ;

Tirs aux armes à feu et à l'arc, organisés dans
tous les quartiers de Paris, avec des récompenses
et des distinctions propres à éveiller l'émulation
des tireurs ;

Bataille simulée au Champ de Mars ;

Vastes cirques découverts, aux bois de Boulogne et de Vincennes, pour les exercices scéniques
d'équitation ;

Bals dans les palais administratifs et sous les
tentes Morel ;

Scrutin pour les prix accordés aux femmes

dans tous les quartiers; remise de ces prix; mariages des jeunes filles dotées par la ville;

Inauguration des grandes entreprises nationales, etc.

Ajoute des trains de plaisir s'épenchant sur Paris comme une marée équinoxiale; tout cela te compose un tableau varié, vif, national. On y trouve, à côté du tohu-bohu pour le peuple, les enivrements délicats dont sont gourmets l'homme du monde et le penseur.

XI

FIN DES PROGRÈS MATÉRIELS

**Télégraphie de sûreté publique. — Abus de l'électricité.
— Maisons d'aveugles et de fous.**

— La meilleure garantie de calme pour une
capitale, c'est la sage administration du chef de
l'État. Tu le sais, et tu sais aussi qu'aujourd'hui,
plus qu'à nulle autre époque, elle nous est con-
quise. Quoi qu'il en soit, le gouvernement a jugé

8.

à propos, et personne ne lui en sait mauvais gré,
de mettre la métropole hors de portée d'une explosion, d'un coup de main. Pour cela, il a imaginé un ingénieux réseau de télégraphie, se
résumant ainsi : des fils électriques profondé-
ment ensevelis en terre, défi porté aux mains
ravageuses, rattachent les uns aux autres les mi-
nistères de l'intérieur et de la guerre, les hôtels
des préfets de la Seine et de police, et les principaux points militaires de Paris. De là ils viennent
tous, en faisceau, prendre les ordres du souverain dans son cabinet.

Les forces protectrices se trouvent donc épar-
pillées dans Paris, et, à un instant donné, réu-
nies dans la main de l'autorité.

— J'admire cette combinaison; elle est vraiment heureuse et rassurante. Mais, dis-moi, tu
as mieux que cela à m'apprendre, n'est-ce pas?
On est à bout d'étonnement, quand on parle de
l'électricité, cet invisible enfant de la magie. Tu
me dirais que l'Institut échange des dépêches

avec les anges d'en haut ou avec les anges déchus
d'en bas, ma foi, je te croirais sur parole. Voyons,
où en est-on? quels sont les derniers résultats
constatés?

— Ah! tu veux des résultats? Eh bien, soit.
Tu vas en avoir, mon cher. Je me taisais sur ce
point, curieux que j'étais de te montrer Paris
sous ses facettes les plus lumineuses; mais enfin,
puisque tu en veux, en voici :

— Comme tu prends feu!

— Transporte-toi, par la pensée, pour ména-
ger tes jambes et les miennes, en plein faubourg
Saint-Honoré, un peu au-dessus de l'église Saint-
Philippe du Roule. Tu trouveras devant toi deux
édifices : l'un, vaste bâtiment, à la physionomie
sévère, renferme un hospice de Quinze-Vingts.
L'autre, qu'on prendrait pour le séjour florentin
de Laurent de Médicis, le Magnifique, est un
refuge de fous, ni plus ni moins. Pousse la porte
du premier, tu te trouveras en pleine république
de quasi aveugles, hommes, femmes, jeunes,

vieux, en plein pêle-mêle de riches et de pauvres, se prêtant tous à des efforts impuissants pour retenir un reste de lumière qui s'en va. Dis à présent à l'huissier de service de t'introduire dans le palais voisin ; pénètre dans ces salons décorés à fresques, tu y verras des personnages bien mis, portant haut le verbe et la tête, mais frappés d'idiotisme, à l'âge où la raison est, d'ordinaire, en plein midi.

— Dieu me pardonne, c'est la préface d'un roman fantastique.

— J'arrive aux faits. La lumière jaillissant de l'électricité a servi d'abord à éclairer les galeries souterraines des mines ; le lendemain, les places publiques, les rues ; le surlendemain, les usines, les ateliers, les magasins, les spectacles, les casernes ; le jour d'après, l'intérieur de la famille. Les yeux, en présence de ce radieux ennemi, ont fait bonne contenance ; mais, par degrés, est survenu l'éblouissement, éphémère au début, puis périodique, puis, en fin de compte, opiniâtre. Voilà pour le premier résultat.

— Je comprends; mais la folie des grands seigneurs?

— Nos gros bonnets de la finance, de l'industrie, du haut négoce, ont trouvé bon, puisque l'occasion s'offrait d'elle-même, de jouer une niche à dame Nature, laquelle, disons-le en passant, les avait mesquinement traités, en les enfermant entre des océans et des montagnes. Ils se sont dit que ces entraves, acceptables tout au plus pour la matière, étaient indignes de leur génie; qu'ils sauraient bien faire faire le tour du globe à leur pensée, eux restant au repos.

— C'est à présent un cours de philosophie.

— Non, la partie serait trop belle. Je finis.

Pour cela, chacun d'eux a cloué, dans son cabinet de travail, sur un coin du bureau, les fils électriques qui rattachent sa caisse avec nos colonies d'Afrique, d'Asie, d'Amérique. Commodé-

ment assis devant la table, il a fait bavarder
sous ses doigts les lointains correspondants de
ses comptoirs semés sur la surface du globe.
L'un lui disait, à dix heures du matin, le nau-
frage d'un navire millionnaire, perdu corps et
biens, dans les eaux de l'Océanie; un autre, à
dix heures cinq minutes, l'écoulement fou-
droyant de la plus solide maison des deux Amériques; un troisième, à dix heures dix minutes,
l'entrée rayonnante dans le port de Marseille
d'un bâtiment comblé de ce qui se récolte aux
alentours de San-Francisco. Tout cela, coup sur
coup. Ces pauvres têtes, si robustes qu'elles
fussent, ont fléchi, comme fléchiraient les épaules d'un Alcide de la halle, s'il s'avisait de
les charger de dix sacs de froment, au lieu
d'un. Voilà pour le second résultat. En veux-tu
d'autres?

— Merci, c'est navrant.

— Ne te désole pas si vite. Sur le chapitre de
l'intellectuel et du moral, Paris a de grandes

compensations à t'offrir. Viens de ce côté : des tableaux consolants t'attendent, sur les bords de la Seine.

— Allons, je te suis.

XII

PROGRÈS MORAUX

Chambres de transactions. — Justice à trois degrés.

— Pourquoi m'avoir conduit ici, dans la cour
d'honneur du palais de Justice? Je connais de
longue date ce monument du vieux Paris, ancienne résidence de nos rois.

— Laisse de côté l'édifice; ce n'est pas de lui
que je veux t'occuper, mais des bienfaisantes in-

9

novations auxquelles il donne asile. Tiens, inutile d'aller plus loin, abordons ces deux messieurs qui descendent le grand perron, se souriant, se câlinant des yeux.

— A coup sûr, ce ne sont pas deux plaideurs.

— Nous verrons bien; interroge-les toi-même.

— Messieurs, leur dis-je, vous me semblez heureux. Laissez-nous cordialement prendre part à votre joie, qui éclate au dehors, et veuillez nous en dire la cause, si cela n'est une indiscrétion.

— Rien d'indiscret, monsieur. Satisfaire votre obligeante curiosité est pour nous un plaisir :

Nous sommes frères germains, héritiers de deux domaines se confinant par un méchant mur mitoyen. Quand je dis frères, nous ne le sommes que depuis un quart d'heure. Vous énumérer toutes les folies que nous a mises en tête ce diable, déguisé en vieux plâtras, serait chose impossible. Nous contestons depuis trente ans, monsieur, depuis trente ans! et nous contesterions encore, à l'heure qu'il est, si ce palais, arène de nos haines, ne venait d'ouvrir ses salles de transaction.

Je lis dans vos yeux que vous ne comprenez pas. Je vais vous expliquer ce que c'est :

Quand une difficulté prend naissance, et sachez que les procès courants ont été assimilés à une difficulté naissante, elle va s'expliquer dans le cabinet ou devant le tribunal du juge de paix. Rien d'innové ici, à part que les deux contestants sont tenus de se trouver face à face. Si le différend n'est pas aplani par une réconciliation ou jugé en dernier ressort, il entre au palais de justice, mais par la porte des chambres de transaction.

Chacune de ces chambres se compose d'un président et de deux assesseurs. Les plaidants s'y présentent en personne, sans citation, sur une simple lettre du président : ils s'expliquent ensemble, aidés de leurs avoués ; les avocats sondent les questions légales, mettent en lumière

les droits de chacun ; puis on s'ajourne. A la
seconde séance, un projet de transaction, pré-
paré par les juges, les attend. On le discute, on
le rature, on le signe séance tenante, si c'est
possible. Tout cela se passe à petit bruit, en
famille, portes closes. Le traité est parafé des
avocats, des avoués ; le président y appose la
dernière signature.

— Il me semble que celui qui soulève la difficulté n'a pas grand intérêt à se présenter.

— S'il s'abstient de venir, ne soutenant pas
sa demande, il lui donne tort, et elle est repous-
sée. Si c'est l'autre qui fait défaut, il se con-
damne, en refusant de se défendre. Son affaire
est perdue.

— L'un des adversaires peut être absent, ma-
lade ?

— Il y a réponse à tout : on lui accorde un
délai pour se présenter ; ou bien on délègue l'un
des magistrats, qui va le trouver avec la partie
adverse. En un mot, le juge de transaction a

tous pouvoirs pour ramener la paix. Il agit comme agirait un père de famille, constitué arbitre entre ses deux enfants.

Croyez-moi, monsieur, il est moins malaisé qu'on ne le croit, pour des hommes de poids et de bonne volonté, de calmer, d'éc.airer, de réconcilier deux adversaires. Pour nous, il nous a fallu un quart d'heure, rien de p.us.

— Oui, un quart d'heure, mais précédé de trente années, si j'ai bonne mémoire. Or, après trente ans et un quart d'heure de chicanes, on est à bout d'appels, recours, pourvois, etc.

— Peut-être pas, monsieur.

Mais soit, je veux qu'il sonne une heure où la justice ait dit son dernier mot. Deux plaideurs, mis d'accord par un arrêt immuable, bon sans doute, mais non accepté, parce qu'il n'est pas leur œuvre, sont ennemis, comme devant. La guerre a cessé, la haine survit. Loin de là, en signant sa transaction, on se sourit, on s'estime, on recommence à s'aimer sur de nouveaux frais.

9.

On a perdu un temps si long! voilà la différence.
Vous comprenez?

— Parfaitement.

Cela dit, les deux frères amis, après un salut
cordial, descendirent le grand escalier, collés
l'un contre l'autre, bras dessus, bras dessous.

— Ces messieurs m'ont laissé en route, dans
leurs explications ; mais tu vas les suppléer. Dis-
moi, les deux adversaires sont accourus à tous
les appels, mais enfin ils ont résisté à la logique,
aux apaisements de leurs avoués, de leurs avocats, et des pontifes de la transaction : qu'ad-
vient-il?

— L'affaire conquiert son droit d'entrée dans
les salles litigieuses, et elle suit son cours, en
première, en seconde et parfois *en troisième instance*.

— Comment, en troisième instance?

— Sans doute. Il va sans dire que notre ma-
gistrature est hors d'affaire, dans ce qui va sui-

vre : probité impeccable, veilles studieuses, oubli
de soi, voilà son milieu familier. Il ne s'agit pas
d'elle ici.

Cette réserve faite, discutons, si tu veux.

En principe, en logique, il n'existe pas, que
je sache, des tribunaux inférieurs et des tribunaux supérieurs. Si l'on suppose, chez les magistrats d'appel, plus de lumières, plus d'aptitudes,
pour bien juger, que chez ceux de première instance, ces derniers sont inutiles, funestes même.
Pourquoi l'homme qui a eu le dessous en instance et le dessus en appel, est-il vainqueur?
C'est une *alea*. Il serait vaincu, si la cour eût
prononcé la première et le tribunal le second.
Il serait vaincu, si la cour et le tribunal eussent
fait un échange de leurs magistrats. Sur deux
batailles, il a perdu la première et gagné la seconde. Je ne puis voir là, en bonne conscience,
qu'un homme mi-parti vainqueur, mi-parti vaincu.
Les champions ont une blessure chacun, un triomphe chacun ; ils attendent la passe d'armes déci-

sive, la *belle*, voilà tout. Qu'on me dise ce qu'il reste d'un jugement, à la minute même où il est frappé d'appel, quelle est, dès lors, sa raison d'être, ou plutôt sa raison d'avoir d'été. Qu'on me dise enfin pourquoi de deux juges, ayant deux opinions différentes, celui qui parle le dernier est fatalement l'oracle de la vérité.

— Rappelle-toi que l'affaire, montant jusqu'à la cour d'appel, se trouvait instruite, étudiée avec soin ; qu'elle était sortie de la première épreuve, comme d'un filtre, épurée, distillée, devenue transparente. Rappelle-toi aussi que les juges du second degré étaient plus nombreux que ceux du premier.

— Permets donc, mon cher.

D'une part, je le dis hautement, la même étude, les mêmes soins, présidaient au premier jugement. D'autre part, si le second aréopage présentait, par sa composition, plus de garanties que le premier, pourquoi n'y arrivait-on pas de prime-saut ? A ce compte, ce serait quasi avouer

que les vaincus de la première bataille jouaient
le rôle de naïfs, s'ils s'abstenaient de jeter dans
l'arène un second gantelet.

Dans le nouveau système, les trois degrés d'instance sont à la même hauteur. L'erreur étant
l'éternel rocher où vient échouer l'esprit humain,
il faut deux décisions semblables, de deux degrés
différents, pour cimenter un arrêt immuable : se
produisent-elles successivement, tout est dit. Les
plaideurs ont-ils alternativement une boule blanche en leur faveur, c'est le scrutin du troisième
degré qui décide : bien entendu qu'on ne force
personne à épuiser la triple juridiction.

La transaction ne se rend jamais. Elle guette
les plaideurs, même au sein des salles litigieuses :
chaque pas qu'on fait, on compte avec elle. C'est
ainsi qu'on ne peut passer d'une juridiction
à une autre, sans s'être présenté de nouveau et
en personne, dans son cabinet, vainqueur ou
vaincu.

— Dis-moi donc : un tel système, si je ne me

trompe, place les avoués dans un état permanent
de lutte, entre leurs intérêts et le vœu du légis-
lateur.

— Nullement. Tout a été prévu, et chacun
trouve son compte dans la transaction. Les avoués
sont mieux émolumentés pour un traité de paix
que pour un champ de bataille enlevé. A part
cela, quand les tribunaux ferment leurs portes,
des récompenses honorifiques sont accordées aux
magistrats de tous rangs, aux avocats et aux
avoués qui comptent, dans leur année, le plus
grand nombre de réconciliations.

Hâtons-nous de le dire, car c'est un point es-
sentiel, l'addition d'une tierce juridiction n'a
pas enflé les dépens. Économie et simplification
de procédure. Là encore, les avoués n'y perdent
rien, leurs honoraires n'ayant plus pour contre-
poids, dans la balance, le volume du dossier,
mais l'importance de l'affaire et les résultats
conquis.

XIII

SUITE DES PROGRÈS MORAUX

Tribunaux de pardon. — Nouvelle échelle de pénalité. — Honorariat du commerce. — Bibliothèques. — Hôtel des ventes mobilières.

— Tu viens de voir la transaction siégeant, sous la toge du juge, dans nos tribunaux civils; je vais te la montrer debout, entre la société et le coupable, autres plaideurs, tendant une main à l'une, une main à l'autre, se faisant, pour les réconcilier, indulgence et pardon.

Quand un pauvre diable tombe, par un premier trébuchement, sous la main de la justice,
qu'il s'agisse d'un délit, qu'il s'agisse de quelque
chose de plus, il est traduit devant le tribunal
de pardon. L'affaire s'explique à huis clos. Si le
coupable avoue, si le dommage causé à autrui
est réparé, si les juges, devenus conseil de famille, reconnaissent dans ses larmes, dans l'in-
tervention et la solidarité acceptée des parents et
amis, des garanties suffisantes d'avenir, il peut
être absous. Du reste, le tribunal de pardon ne
compte qu'avec lui-même : sa prudence et son
âme, voilà son code. Tout ce qui se passe là y
reste enseveli.

— Et la société?...

— Eh bien! la société, après? Crois-tu, en
conscience, qu'un jeune homme, un enfant, con-
fus de son premier faux pas, pleurant devant les
siens, devant son juge, qui lui ouvrent les bras,
soit un ennemi bien redoutable? Mets-le sous les
verrous, comme on le faisait autrefois, pour

l'amender, disait-on. Laisse-le là trois ans, trois mois, trois jours, si tu veux ; puis, attends-le sur le seuil, et regarde s'il est *amendé*. Au lieu d'une fièvre d'enfance, légère, éphémère, tu le verras rentrer chez nous imprégné de la peste morale qui règne, à l'état permanent, dans la prison, comme le typhus sur la lisière d'un marais. Je n'en veux pour témoin que le nom donné à cette prison par ses hôtes familiers : *le collége*. Le collége de quoi, dis-moi? du français? de la morale? de la religion? Oh non ! De l'argot? du vol? du meurtre? oui. Il y est entré tremblant, le front humilié; il en sort la démarche ferme, et portant haut la tête. Tout au contraire, le pardon, c'est l'expiation sur parole ; sans geôle, et partant sans contagion. La faute est oubliée de tous, excepté du gracié. Il a juré de devenir meilleur, et il le devient. Au lieu de l'œil furtif d'un agent, sa famille veille sur lui, honnête protection dont il ne rougit pas.

Va, interroge le préfet de police, il te dira

10

que cette justice désarmée fait plus que ses bri-
gades pour la sûreté de Paris.

Et d'ailleurs, le christianisme, la religion de
notre pays, enseigne l'oubli de l'injure et le
pardon.

« *Que celui qui est pur de toute tache lui jette
la première pierre.* »

Ce précepte était resté longtemps prisonnier
dans le saint livre. Il appartenait à l'État de l'en
faire sortir, pour le répandre par l'exemple. La
douce figure du Christ rayonne dans le prétoire,
au-dessus de la tête du juge.

— Qu'il est bien là, et qu'il doit s'y plaire!

— On ne demande pas de serment à celui
qu'on gracie. Eh bien, on voit ces pauvres êtres,
éperdus, sanglotants, élever leurs mains vers
Dieu qui les regarde en face, et le prendre à témoin de la parole qu'ils engagent.

Ce n'est pas tout : après le pardon, l'indul-

Quand l'heure de sévir est venue, délits ou crimes, on applique une nouvelle échelle de pénalité, allongée par en bas de plusieurs échelons. On débute par la réprimande : elle est prononcée en plein prétoire, portes battantes, mais sans autre publicité. Viennent à la suite, et par gradations, des peines corporelles et pécuniaires, comme jadis, mais dans des mesures plus clémentes.

— Je doute que la réprimande soit jamais la tête de Méduse pour un bandit.

— Il n'y a pas de bandits parmi ceux qui trébuchent. On ne naît pas bandit d'emblée, comme on vient au monde manchot ou cul-de-jatte. En somme, que fait la société? elle appelle à son aide la conscience de son ennemi, ses bons instincts, sa dignité; car il y a de tout cela dans un coupable d'hier. Oui, je le soutiens, la réprimande est un châtiment pour un homme qui se sent encore, tout comme la couronne de laurier était jadis un triomphe. Je vais plus loin, et je

dis qu'on châtie avec deux fouets : la réhabilita-
tion et la flétrissure, mais on n'amende que par
le premier; avec le second, on se venge. Un coup
de chapeau adressé, en temps et lieu, à qui ne le
mérite pas, fait plus pour moraliser qu'un mépris
ou une colère.

Revenons aux peines : elles sont échelonnées
avec juste mesure. Le point de départ est situé
plus bas; c'est toute la différence. Trois mois, six
mois de simple captivité sont, à mes yeux, identiques à trois ans, six ans de galères. Le bagne à
vie, pour le relaps, est l'anneau bourré de poi-
son, pour Mithridate. La conscience de l'un,
l'estomac de l'autre, y sont aguerris; voilà tout.
A présent, justice homœopathique, peines par
globules, avec puissance curative, en raison inverse du volume. Et puis, la vie de l'homme est
si courte, si pleine de punitions de toute espèce!
Témoin la misère.

— Ma foi, mon cher, je suis saturé de philo-

sophie et de marche. Cinq heures du soir! et
j'admire depuis cinq heures du matin! Tout le
tour du cadran en contemplation de merveilles,
en vérité, c'est trop.

— Encore un pas; je t'ai réservé, pour la dernière scène, la vue de la plus belle place de la
terre, et de la création la plus bénie du ciel. C'est
au sommet des Champs-Élysées. Allons, suis-
moi, ce sera notre dernière étape.

Je me remis en marche, ingambe, délassé,
et comme soulevé de terre par de si belles paroles.

Sur le seuil du palais de Justice, mon compagnon, me désignant du doigt le tribunal de
commerce, m'apprit qu'après trente ans de travaux irréprochables, dans le magasin, l'usine
ou le guéret, après enquête, scrutin, homologa-
tion du tribunal consulaire, etc., on peut être
élevé au rang *de commerçant, d'industriel ou
d'agriculteur honoraire;* que cette dignité est

10.

conférée par décret du chef de l'État, sur la pré-
sentation de la corporation à laquelle appartient
le candidat; qu'une décoration dénonce à tous
les respects ces hommes noblement vieillis par le
travail.

Chemin faisant, sur la place de la Madeleine,
il me montra l'édifice qui a remplacé l'ancienne
bibliothèque de l'Arsenal, exilée du quartier de
Sully, où elle n'avait plus pour hôtes que ses
bouquins. Il me dit que toutes les bibliothèques de Paris reçoivent les travailleurs de neuf
heures à cinq heures, et après dîner, de sept
heures à neuf heures; que les catalogues de
chacune d'elles, imprimés, publiés, par ordre
de matière et par ordre alphabétique, sont mis
à la discrétion du public; qu'en outre, des
érudits se tiennent en permanence, à tour de
rôle, formant un second répertoire, mais un
répertoire qui parle, qui raisonne, plus facile
à interroger.

Non loin de là il me fit remarquer, en passant, le nouvel hôtel des commissaires-priseurs, établissement régénéré, me dit-il, reconstitué sur des bases toutes nouvelles, très-utile aux classes opulentes, plus utile encore aux honnêtes ménages d'artisans.

Enfin, nous touchons du pied la place de l'Étoile; c'est la terre de Chanaan. Dieu soit loué!

XIV

FIN DES PROGRÈS MORAUX

Place de l'Étoile. — Place du trône. — Créations napoléoniennes. — Parlement de la paix. — Conséquence..

— Avoue que ce plateau n'a pas volé son nom de *place de l'Étoile :*

Douze avenues, larges, rectilignes, convergeant au centre, comme douze rayons lumineux qui s'échappent d'une planète; entre ces rayons, des hôtels majestueux; au milieu, à l'endroit de l'astre, le monument surhumain, que le monde entier est venu saluer.

— Mon pauvre ami, tu perds tes frais de rhétorique. J'avais vu tout cela avant mon départ de Paris.

— Non, tu te trompes. L'arc de triomphe n'était pas encore surmonté de cette colossale boule d'or, image du globe terrestre, où l'on voit gravir nos légions, nos canons, et naviguer nos flottes, dans l'Europe, dans l'Afrique, dans l'Asie ; ces hôtels circulaires, d'un tout autre aspect, sobres, nerveux, lourds comme tout ce qui est grand, n'existaient alors qu'à l'état d'ébauche ; tu ne connaissais pas non plus ces quatre groupes.

Apprends que les Parisiens ont fait hommage aux Napoléons de deux places de la ville : la place de l'Étoile à Napoléon Ier, celle du Trône à Napoléon III. Là-bas comme ici, un monument militaire témoigne des prodiges de valeur accomplis sous les deux règnes. Ici et là-bas, quatre groupes de bronze, de plusieurs personnages chacun, donnent la vie, par des allégories ingénieuses et touchantes, aux principales institutions civiles et charitables qui recommandent l'un et l'autre empereurs à l'amour du pays; ce sont :

Sur la place du Trône :

Le Crédit foncier de France ;

L'Extension des limites de Paris et la Transformation de la capitale ;

Les Sociétés de secours mutuels et la Caisse des retraites pour la vieillesse ;

Les principaux établissements charitables créés pour le soulagement des masses, tels que : l'Asile de Vincennes, l'Œuvre des mères de famille, l'Orphelinat du Prince Impérial, l'Œuvre des prêts par l'enfance au travail.

Sur cette place :

Le Code civil et l'Université de France ;

Le Concordat, signé entre le premier consul et le pape Pie VII, signal de la réouverture des églises ;

L'Ordre impérial de la Légion d'honneur,

La Banque de France.

Chaque piédestal porte une légende avec la date des fondations. Le bloc représentant Paris mentionne les grands travaux accomplis sous Napoléon III.

— Ces additions sont belles, j'en conviens, et complètent dignement cette place, qui n'a de rivale nulle part; mais il est sept heures du soir, et, sans reproche, je tombe de fatigue et de faim.

— Aussi n'est-ce pas pour cela seulement que je t'ai entraîné jusqu'ici. Tiens, regarde de ce côté, écoute-moi cinq minutes, puis tu me diras si tu regrettes encore notre étape forcée et notre dîner qui attend.

Et il me montrait du doigt l'un des hôtels circulaires. Le soleil couchant illuminait le fronton de l'édifice; j'y lus ces mots, inscrits en lettres d'or sur une table de marbre blanc, et encadrés d'une auréole de feu :

PARLEMENT DE LA PAIX.

— C'est ici, me dit-il, que se tiennent les grandes assises de l'Europe, composées des grandes nations. Chacune y délègue trois des siens : tous trois défendent les droits de leur pays, mais le vote n'appartient qu'à l'un d'eux. A la boule déposée dans l'urne par chaque peuple est attaché un nombre de voix qui s'équilibre avec son importance relative dans la ligue européenne.

L'aréopage prononce, comme arbitre, autant que cela est possible, sinon comme cour suprème, sur les questions suivantes :

Nationalités des peuples ;

Différends entre une nation et son souverain ;

Réparations des injures internationales, violation de traités, lisières des territoires, usurpations ; en résumé, toute difficulté surgissant entre deux peuples frères ;

Extensions excessives de dominations ou d'influences, susceptibles de menacer la balance du corps européen,

11

Défense, soit de toute l'Europe, par tous, soit
de l'un de ses peuples, contre l'agression d'une
nation étrangère à la ligue ;

Enfin, traite des noirs, piraterie, tyrannie, et
toutes questions de haute humanité et d'intérêt
général.

Pour plus de clarté, c'est une ligue de famille,
apaisant par la conciliation ou tranchant par
l'épée, quand il le faut, toute querelle :

De peuple à souverain ;

De peuple à peuple ;

De ligués à étrangers.

Un vote une fois émis, mais il ne l'est qu'après
délibérations, offres d'arbitrage et infatigables
efforts de transaction, une fois émis, dis-je, c'est
un oracle immuable. La mise à fin devient le fait
d'un pouvoir exécutif, résidant sur la tête d'un
des souverains élu par la ligue. Les forces com-
munes dont il dispose forment le total des con-
tingents fournis par chaque peuple, en raison de
son importance.

Jusqu'ici, disons-le en toute hâte, les solutions
ont été pacifiques ; le pouvoir exécutif est resté
l'arme au bras.

C'est le chef de l'État qui nomme nos trois re-
présentants. Il a le droit de les révoquer. Ils sont
remplacés ou réélus tous les trois ans.

Je n'ai pas tout dit. En dehors de ces grands
débats, le parlement a mis à l'ordre du jour un
ensemble de questions qui, au premier coup
d'œil, paraissent étrangères à la paix ; elles
n'ont pas, c'est vrai, la prétention de con-
traindre les peuples à mettre bas les armes, mais,
crois-moi, elles travailleront utilement à ce résultat, en établissant entre eux, doucement, à
leur insu, des habitudes de commerce et d'ami-
tié. Voici les principales :

Adoption d'un langage commun, langage qui
sera enseigné dans les écoles publiques de tous
les États, mais, bien entendu, après l'étude de la
langue nationale ;

Système et tarif uniformes des postes ;

Règlements et prix identiques des grands chemins de fer européens, pour les voyageurs comme
pour les marchandises ;

Réciprocité générale du régime des passe-
ports et des mesures de protection pour les étrangers ;

Une seule monnaie partout ; identité de valeur,
de titre, de modules ; l'une des faces européenne,
l'autre nationale ;

Même système de poids et mesures.

— Tout cela vraiment est grand jusqu'au su-
blime, presque jusqu'au divin.

— C'est le mot. Aussi je crois que, sans une
pensée descendue d'en haut, il n'eût été donné
à personne, je ne dis pas de mener à fin une
telle entreprise, mais de l'essayer. Du reste,
la Providence avait silencieusement tout pré-
paré :

Le massacre entre les deux Amériques, le désordre dans le commerce du monde, la détresse au sein des masses ouvrières ;

Les engins de destruction raffinés, à ce point que la guerre devenait vraiment impossible ;

Le nouveau monde se dressant, tout prêt, ses affaires de famille réglées, à s'élancer sur l'ancien.

Tu le vois, le terrain était bon, et l'idée, en y tombant, ne pouvait refuser d'y germer.

Quant aux fruits, ils ont dépassé toute attente.

Le désarmement en masse, ordre du parlement de la paix, a poussé l'Europe dans des voies à peine explorées. Pour ne parler que de la France, sa position est telle, à présent, qu'elle a pu donner à pleines mains à l'agriculture, aux arts, au commerce, à l'industrie, aux besoins toujours béants des multitudes. Je dis donner, mais comme on donne au mois de novembre, un sac à la main, à des sillons fraîchement remués. C'est à ce point, te dis-je, que déjà, sur le grand

11.

livre de la dette publique, on biffe, on biffe, on biffe; il en est qui disent que notre siècle verra le volume se fermer de lui-même, devenu inutile.

— Quoi! plus de dette publique?

— Peut-être... un jour...

Mais une conséquence plus intéressante encore, si c'est possible, de ce nouvel état de choses, c'est que les peuples ont pu se mettre d'accord de près, par eux-mêmes, sur les conditions du travail, de la concurrence entre nations. Ils ont pu établir une entente, non plus çà et là, mais partout; entente équitable et protectrice pour le consommateur, le fabricant et l'ouvrier, faisant loi pour tous. Cette question, tu le sais, c'est la vie ou la mort pour les masses, et. . .

. . . .

XV

DÉNOUMENT PRÉVU

— Eh bien! dormeur infatigable, as-tu bientôt fini de ronfler? Tu m'as faussé compagnie
à Lyon, au départ du train, et nous voici à Paris.

— Hein, hein! nous entrons dans la nouvelle
gare?

— Quelle nouvelle gare?

— Tu sais bien, aux portes de Paris, extra-muros.

— Mais non ; nous sommes à la gare de Lyon, dans Paris, sur le boulevard Mazas. Allons, tu dors encore, réveille-toi donc !

— Ah ! mon ami, quel beau rêve j'ai fait !

— Après tout, je t'en félicite. Tu n'as pas perdu ton temps, puisque tu l'as consacré au repos.

— Oui, peut-être n'ai-je pas perdu mon temps, même en rêvant. Ah ! si j'en étais sûr, je serais bien vite rendormi !

FIN.

TABLE

—

PARIS. — IMP. SIMON RAÇON ET COMP., RUE D'ERFURTH, 1.

Librairie de E. DENTU, Éditeur

Palais-Royal, 13 et 17, galerie d'Orléans.

EXTRAIT DU CATALOGUE.

LOUISE COLET.

L'Italie des Italiens, 2 v. 6

WILKIE COLLINS.

La Femme en blanc. 2 vol................... 6

E. COLOMBEY.

Les Originaux de la dernière heure.......... 3

F. COMBES.

Histoire de la diplomatie européenne. 2 vol.. 15

CH. DE COSTER.

Légendes flamandes ... 3

DU COURET.

Les Mystères du désert. 2 vol............... ¯

COUTURIER DE VIENNE.

Paris moderne...... 2 50

LÉONCE DE CUREL.

Le Chasseur au chien d'arrêt............... 3 fr.

M. CZAYKOWSKI.

Contes Kosaks......... 3

DANCEL.

L'Influence des voyages 7

E. DAUDET.

Thérèse............... 2

L. DE DAX.

Nouveaux Souvenirs de chasse et de pêche. 3 50

Mme L. DE DAX.

La Mère............... 2

A. DEBAY.

Encyclopédie hygién.. 18 vol............... 49

DECLAT.

Hygiène des enfants nouveau-nés 3

H. DELAAGE.

Doctrines des sociétés secrètes. .:......... 1 50
L'Eternité dévoilée... 1 50
Le Monde prophétiq. 1 50
Le Monde occulte... 1 50
Perfectionnement physique de la race hum. 1 50
Les Ressuscités au ciel et dans l'enfer......... 5

PAUL DELTUF.

Jacqueline Voisin..... 3

V. DELVAUX.

L'Amour 3

A. DEQUET.

Abeille............... 1
Clarisse 3

AD. DESBARROLLES.

Les Mystères de la main 4

DESBORDES-VALMORE.

Poésies inédites....... 5

CH. DESLYS.

La Loi de Dieu........ 3
L'Aveugle de Bagnolet. 3

G. DESNOIRESTERRES.

Les Cours galantes. 2 v. 6
Les Talons rouges..... 2

A. DOZON.

Poésies popul. Serbes. 3

A. DUMESNIL.

L'Immortalité .... 3 fr. 50

DURAND-BRAGER.

Quatre mois de l'expédition de Garibaldi . 3 50

L.-A. DUVAL.

Valdieu 3

GEORGE ELIOT.

Adam Bede. 2 vol...... 7

V. EMION.

Des Délits et des peines en matière de fraude commerciale 1 50

ENFANTIN (le Père).

Corresp. philosophique 4
Correspondance politiq. 1
Science de l'homme.... 9
La Vie éternelle........ 4

ERCKMANN-CHATRIAN.

Le fou Yégof.......... 3

ESCUDIER.

Les Cantatrices célèbres 3

A. ESQUIROS.

L'Angleterre et la vie anglaise 3 50

JOSEPH D'ESTOURMEL.

Souvenirs de France et d'Italie............... 4

L.-C. FARINI.

L'Etat Romain........ 5

J. FAVEREAU.

A vol d'oiseau. — France, Italie............... 4

www.ingramcontent.com/pod-product-compliance
Lightning Source LLC
Chambersburg PA
CBHW052205270326
41931CB00011B/2227